増補改訂

ぼくの沖縄〈復帰後〉史
プラス

新城 和博

ボーダー新書
016

本書は二〇一四年一月に刊行した『ぼくの沖縄〈復帰後〉史』を増補改訂したものである。付録の「沖縄の雑誌変遷小史」「四〇年後の那覇の街角から」にかえて、新たに「付録プラス＋〈復帰後〉史は続くよ、どこまでも？ 二〇一四年〜二〇二〇年」を加えた。

まえがき

思い出はモノクロームで蘇る

沖縄では、毎年五月一五日「日本復帰の日」になると、「あれから沖縄はどう変わったのだろうか」と話題にのぼります。一九四五年の沖縄戦直後から一九七二年まで沖縄は日本国から分離されアメリカ施政権下にありました。七二年五月一五日、二七年振りに沖縄は日本に〝復帰〟しました。あれから四〇年を過ぎて、沖縄県民は、どういう体験をしてきたでしょうか。

本書は復帰してから四〇年という節目に合わせて、沖縄タイムスの文化面に二〇一一年一月から二〇一二年四月まで、二六回連載した「沖縄復帰後史　我らの時代のフォークロア」をまとめたものです。復帰してからの様々な社会的な出来事を、あくまでも個人の体験、視点で綴った随想録です。扱った出来事は、連載を企画した沖縄タイムス社の友利仁さんが選択しました。いわば「お題」を与えられて、自分の記憶の中から蘇る場面を描きました。

アメリカ統治下の一九六三年に生まれ、復帰を小学生で迎えたぼくにとって〈復帰後〉という時間軸は、「戦後」という響きとはまた違った感慨を呼び起こします。過去のことでもあり、現在のことでもある、〈復帰後〉の沖縄。

連載を始めるにあたって、ぼくはこのようなことを書いてみました。

＊＊＊

〝不惑〟を迎えた沖縄

思い出はモノクロームで蘇る。〝あの頃〟を思い出そうとすると、確かにそんな感じがするなと、大瀧詠一のスタンダードナンバーを聴きながら、妙に納得したことがある。

特に「復帰」前までの記憶が、ことごとくモノクロなのは、きっと白黒テレビの影響に違いない。もう各家庭にテレビは珍しくなかったけれども（チャンネルは三つか四つ）、カラーテレビはまだまだだったはず。

自分の記憶なのに、どこかテレビ画面の映像のように浮かんでくる。記憶は、無意識に後からいろいろ付け足されてから思い出として蘇るのかもしれない。記憶の中のこの島が、まだ彩色されていない、あの頃。

今年（二〇一一年）の五月一五日を迎えると、沖縄は「復帰四〇年目」に突入するのだそうだ。数え年でいうと四〇、人に例えたら不惑である。現実としては、ずっと戸惑いの中にいるような気もするが、まあそれはいいだろう。

一九七二年の復帰の年、ぼくは九歳だった。その頃から、記憶は、急速に色づいてくる。ドル・円通貨交換、海洋博、ナナサンマルと、次々と世替わりの変化がやってきた七〇年代――。

長期の断水、バスストに、白保新石垣空港建設、日の丸・君が代に、リゾート法と、何かと問題続きの八〇年代――。

復帰二〇周年の沖縄ブーム、10・21県民総決起大会と県民投票、文化と政治の波がうねった九〇年代――。

沖縄サミットと「ちゅらさん」ブーム、普天間と辺野古をめぐる基地移設にまつわる狂騒と閉塞感の二〇〇〇年代――。

数え年四〇の間に沖縄で起こった事を挙げればきりがない。昨日のようにリアルに覚えている体験もあれば、覚めない悪夢のようにうなされてしまう事件もある。沖縄戦を体験していない世代のぼくでも、復帰から四〇年も経てば、ひとつの歴史として沖縄を思い返すことができるかもしれない。戦後史ならぬ、「沖縄〈復帰後〉史」とでも名付けてみよう。

でもそんな風に大仰に構えることもない。ぼくの記憶の中の、モノクロームの沖縄に、少しずつ彩色するように思い出を語ってみよう。

たわいもない個人的な話になるだろうが、とにかくふらりと語り始めれば、きっと〝我らの時代のフォークロア〟として、誰かの物語と重なるかもしれない、という感じで。

＊＊＊

沖縄の〈復帰後〉は、今も続いています。

あの時、あなたはどう感じていましたか。また若い世代は復帰後の記憶を読んで、どう感じるでしょうか。

そして今回「増補改訂」として、二〇一四年から二〇二〇年の〈復帰後〉史をプラスしました。いよいよ復帰から半世紀を迎えるようです。

記憶の中の沖縄と今の沖縄、どう変わったのでしょうか。

目次

〈一九九〇年代〉「オータ」と「アムロ」の時代

目次

付録《シーブン》プラス＋　〈復帰後〉史は続くよ、どこまでも？　二〇一四年〜二〇二〇年　165

＊「沖縄復帰後史　我らの時代のフォークロア」（『沖縄タイムス』二〇一一年一月〜二〇一二年四月　文化面隔週連載）に、二〇一二年の出来事を追加した。

＊「〈復帰後〉史は続くよ、どこまでも？　二〇一四年〜二〇二〇年」〈書き下ろし〉

＊掲載写真は、記載のないものは全て沖縄タイムス社提供。

〈一九七〇年代〉「車は左　人は右」、じゃあ沖縄は？

一九七二年　ドルから円への通貨交換

子どもたちの間では「復帰すると、沖縄にも雪が降る」という噂があった。いや噂ではなくて信じていた。ぼくも小学校の作文でそんなことを書いた記憶がある。

大人たちがあんなに騒いでいるのだから、何らかの目に見える変化があってしかるべきだというのが、子どもなりの期待だったのだ。島ごと引っ張られて北上し日本に近づいていくというイメージは、その頃流行っていたＮＨＫの人形劇「ひょっこりひょうたん島」の影響かもしれない。

とにかく「復帰」すれば何かが変わることだけは感じていた。その最初の、そしてもっとも分かりやすいものが、ドルから円への通貨交換であった。

生まれた時からアメリカ統治下であり、お金と言えばドル以外に馴染みのなかった世代のぼくらが、その頃買い食いするのはもちろん近所の「いっせんまちやー」。すーじ小(路地)

でおばぁがお家の軒下に品物を広げてやっていた駄菓子屋。みんなそれぞれ馴染みのお店があった。この「いっせん」はぼくらにとっては「一セント」の意味だった。一セント、五セント、一〇セント、二五セントの硬貨をポケットにじゃらつかせて、三角のくじ引きアメやパッチーを買っていた。

復帰の一年前、当時ニクソン大統領のアメリカは、ドルと金《きん》の交換を停止し、一ドル＝三六〇円だった交換レートが暴落した。いわゆる「ドルショック」。

子ども心にもショックだったようでぼくはこの頃から新聞を読み始めるようになった。ドルと円の為替相場が気になったのである。結局ドルは三〇五円まで下がってしまった。

ぼくの父は、当時ある銀行の支店長だった。毎晩遅くまで、ドルから円への交換という一大プロジェクトの準備作業に追われていたらしい。その頃の父との記憶があまりないのは、そのせいかどうか……。

五月一五日、雪ならぬ雨が降った復帰の日から始まった円とドルの通貨交換業務は、二〇日まで続いたそうだ。その際、日本政府は、期間限定で、ドルショックによる沖縄側の損失、つまり一ドル＝三六〇円のレートとの差額分を保障する特別処置をしたのだが、そのための証紙として、発売直前だったある琉球切手が急遽転用されていた。琉球政府立公

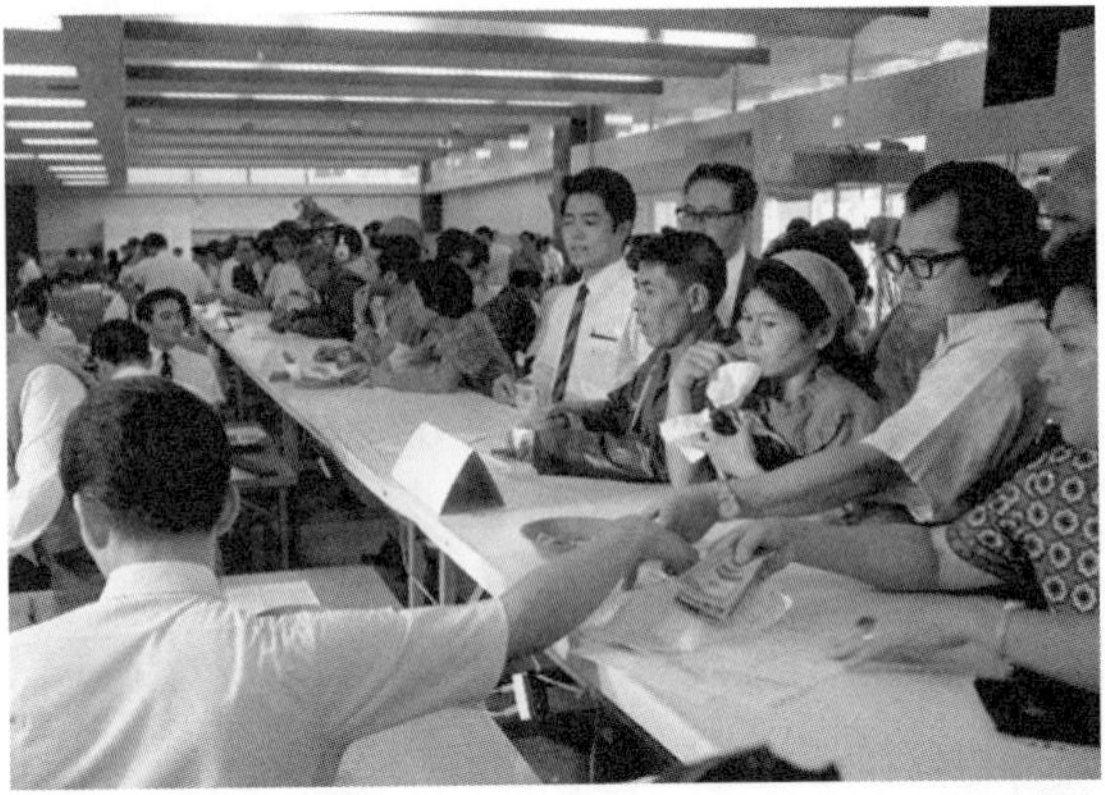

初日は出足は鈍ったが晴れ間の見えた二日目から人が詰めかけた交換窓口。（1972.5.15）

園シリーズの「西表マリウド滝切手」である。これは通常の切手としては流通されなかった「幻の切手」となった。

ところがその後、ぼくは父からその切手を何枚かもらった。証紙として使用されずに余ったのだろう。当時子どもたちの間では切手集めが流行っていて、当然ぼくもストックブック片手にコツコツと集めていた。なのでこの珍品にどきっとした。今後発行されなくなる琉球切手はブームとなり、マニアの間で高額取引されていた。この幻の切手もやがて大変な価値を持つかも、という期待もしたりして。「千ドルくらいなるはずよー」。

一円玉の軽さに馴染めなくて

さて交換されてきた初めての「円」の印象であ

るが、とにかく一円玉にはびっくりした。それまで使い慣れていた一セントと比べるとあまりに軽くて、おもちゃにしか見えなかったのだ。一セントでいろんなお菓子が買えたのに、一円玉ではまったくなにも買えない、というのも納得いかないことであった。新聞を読んでいても、為替レートの意味はあまり理解していなかったのだなぁ。いずれにせよ、円がぼくらのポケットの中で馴染むようになるまで、しばらく掛かったような気がする。

ドルから円へ。それはぼくらが「日本国民」になるための最初の通過儀礼だった。


その後、琉球切手ブームは去り、例の切手も高値を呼ぶことはなかった。さらに時は過ぎ、高校一年の夏、ワンダーフォーゲル部だったぼくは、初めて西表島に行き、実際本物のマリウド滝を観たのだが、その頃にはもうあの切手を思い出すこともなかった。

今も古びたストックブックの中で、マリウド滝は、あの頃のちょっとした不満感とともに収まったままなのである。

●「ひょっこりひょうたん島」　ＮＨＫ総合テレビ（沖縄では沖縄放送局＝ＯＨＫ）で１９６４～69年まで放送。井上ひさし原作でＮＨＫ人形劇の代表的作品の一つ。

●琉球切手ブーム　復帰後には発行されないことから、71年ごろから投機目的で購入、転売が横行したが、73年ごろには大暴落し、子どもを含め損失者が出て社会問題化した。

■1972年
1・20　東峰夫が「オキナワの少年」で芥川賞
4・19　沖縄こどもの国開園
4・24　沖縄国際大学開学
6・25　復帰後初の知事選で屋良朝苗当選
9・23　那覇市国際通りで沖縄初の歩行者天国
10・11　航空自衛隊基地開設

■1973年
3・1　寄贈のD51が那覇市に到着
3・8　金融事情ひっ迫で新規貸し出しを全面停止
4・12　ブルービーチ演習場で米戦車が女性をれき殺
5・3　若夏国体開幕
11・26　那覇市のビル工事現場で大陥没事故

西表マリウド滝切手（著者所蔵）

一九七五年　「ダイナハ」オープン

開南のバス停は、いつも人混みでごった返していた。南部からやってくる買い物客にとって開南は、平和通り、農連市場、牧志公設市場、そして国際通りへの入り口だった。近くに住んでいたぼくは、その人混みを通り抜けて、遊びに出かけていた。当時の小・中学生たちの一番のお目当ては、国際通りの三つのデパートの屋上である。三越、山形屋、リウボウの屋上に遊園地（的な施設）があったのだ。それぞれ雰囲気や規模が微妙に違うのだが、山形屋の屋上遊園地が一番充実していて、かつて母親が務めていたデパートということもあって、ぼくのお気に入りであった。

そんな状況に突如登場したのが、「ダイナハ」である。海洋博を控えた一九七五年五月、全国的な展開をしている大型スーパー「ダイエー」が、国際通りと接する沖映通りに「那覇ショッパーズプラザ」として開店。正式名称は、いろいろあるらしいが、なんてたって

「ダイナハ」である。

ダイナハは、復帰後初の、本格的な本土からの大型店舗進出である。地元の商店街、小売業者らは大変な危機感を持ち、開店阻止運動まで展開するという社会問題となった。『大型店舗沖縄進出阻止協議会』とは、国際通り一帯の商店街一五団体が結成したもので、与儀公園での抗議集会や国際通りでのデモ行動を行っていた。

親が牧志公設市場に働いていた友達がいて、母親に連れられて一緒にジグザクデモをやったのが初めてのデモ体験だったと、感慨深げに教えてくれた。ダイエーがやってきたというインパクトは、牧志の市場では、「市場最大の危機」として今でも語りぐさになっているらしい。黒船来航みたいである。

五月三日の開店は協議会らの抗議によって一日だけ延期されたが、結局和解案が成立し、ダイナハは翌日開店した。

やってきた「本土化」の波

その頃の沖縄は、復帰後、本土からやってくるものに対して常に懐疑と不安を抱いていた。早速配備された日本の自衛隊に対する強烈な拒否反応は、沖縄戦の記憶の生々しさの

与儀公園で行なわれた県小売商連合会の抗議の総決起大会はダイナハの開店延期をうけて通常総会に。包囲行動も取りやめた（1975.5.3）

表れであり、大型店舗の進出への恐れは、沖縄がヤマトに飲み込まれるのではないかという予感だった。

しかし地元消費者は、日常生活必需品が安く買えるということで、これまでの市場と併用する形でダイナハに通うようになる。人の流れは確実に変わった。沖映通りへ向かう買い物客は増え、ダイナハ開店以後、平和通りや国際通り並みの人混みとなった。

中学生になったぼくにとってダイナハは、いきなり巨大アミューズメント・パークが登場した感じだった。最上階のフロアにあるゲームの種類が、これまでとは違う。例えばコインを賭けての競馬レースなんてのがあったなぁ。

そして家電製品がずらりと並んでいるフロアも当時は珍しく、レコードプレイヤー、ステレオやカセットデッキの前をいつもうろうろしていたものだ。気がつけば、山形屋やリウボウより、ダイナハにいることが多くなっていたのだった。

そして沖縄も本土同様、都市型消費社会になっていく八〇年代には、ダイナハの建物は、すっかり那覇のランドマークのひとつだった。その頃は、客の流れを共有して、市場とダイナハは共存していたのではないかと思うのだが、どうだろう。

いつのまにか沖縄県民人口の数より、観光客数の方がはるかに多くなり、国際通りは地元客より観光客を相手にする店が主流となった九〇年代、ジャスコが小禄の開放地に初出店する。もうダイナハのような抗議行動は起こりようがない。郊外型ショッピングモールの波は、市場から地元客を徐々に連れ去っていった。開南バス停もかつての人混みとはほど遠くなった。そして二〇〇五年、ダイナハはダイエーグループの業績不振を受けての整理縮小の流れの中で閉店が決まる。米軍基地より先に閉鎖か……。

その閉店直前、ぼくはかなり久々に、地下の生鮮売り場で買い物したことがあった。総菜コーナーに郷土メニューが多いのが印象的だった。近所の客や国際通り周辺に多数出現した、安宿・ゲストハウスにいる旅人たちにもよく利用されていたという。つまり、近所の地元スーパーなのである。そうか三〇年経って、ダイナハはシマー化していたのだなぁと、しみじみしたのだった。

●三越、山形屋、リウボウ　ともに1954年の那覇市・国際通り改修工事終了前後に同地に進出したデパート。沖縄三越は57年「大越百貨店」として創業、70年に沖縄三越と名称変更と同時に新装開店、2階には沖縄東宝劇場も併設していた（90年閉館）。91年に増改築。2014年9月に閉店。沖縄山形屋は55年に神原から牧志に移転し、94年に全面改装するも99年に閉店。取り壊された跡地にはホテルが建設された。リウボウは54年、沖縄初の本格的デパートとして開店、91年にはパレットくもじ内に移転した。

■1974年
2・8　CTS問題でデモ隊が知事室乱入
3・2　小禄不発弾爆発事故で園児を含む4人が死亡
4・1　コザ市と美里村合併、沖縄市誕生
4・17　仲泊遺跡の保存が決定
9・9　TWA航空機墜落。県人13人含む全員死亡
10・8　佐藤栄作にノーベル平和賞

■1975年
2・18　県道104号越え実弾砲撃演習で、着弾地を阻止団が占拠。演習中止に
4・2　豊見城高が甲子園ベスト8進出
4・14　琉球大学に合格した自衛官の登校を学生や職員らが阻止
5・20　沖縄自動車道開通（名護―石川）
7・17　海洋博開会式のため皇太子（現・天皇）夫妻が来沖。ひめゆりの塔事件

一九七六年　「海洋博」閉幕

「エキスポー、セブティーファイブ、オキナワー！」というサウンドロゴとともに、ラジオでは、海洋博のイベント情報が、毎日流れていた。

開催直前、海洋博名誉総裁である皇太子（夫妻）が訪れたひめゆりの塔で火炎瓶を投げつけられるという事件があったので、その始まりは覚えているのだが、いつどのように閉幕したのか、まったく覚えていない。当時の新聞を見ると「厳戒の中閉幕式」とある。皇室関係者が沖縄に公式に訪れるたびに厳戒態勢が敷かれるのは、これから始まったのかしら。

当時の沖縄県民の多くが、本部町の会場へ足を運んだであろう。ぼくも一度だけ家族、親戚とともに行った記憶がある。中一の夏休みに入ってすぐだったのかもしれない。早朝那覇を出発して北上し、許田インターの大きな高架道の下を通ったのが印象的だった……

ということは、まだ石川・許田のみしか開通していなかった、できたての沖縄自動車道は通らなかったんだな。国道五八号も海洋博に向けて整備され（まだどちらかというと「一号線」と言う方が多かったけど）、「名護の七曲がり」はなくなっていた。その海岸線のぐるりと先にあるのが海洋博会場で、多分ぼくは初めて本部町に行ったのではないだろうか。

人気パビリオンは行列ができているので、並ばずに入れそうなところばかり行った。したがって、日が暮れるまで会場にいたはずなのだが、あんまり印象に残っていないというのが悲しい。それでも沖縄館、ソ連館、海洋文化館あたりは、なんとなく淡い記憶がある。それと遊園地施設の「エキスポランド」のジェットコースターは、まあ与那原テックのそれよりは多少スリルがあったかも……。

人工ビーチという言葉もこの「エキスポビーチ」で初めて知

アクアポリス入場を待つ長蛇の列。一日8万人の入場者数を記録したこともあるが海洋博全体はいまいち盛り上がりに欠けたかもしれない（1972.5.15）

った。奇妙な言葉だと思い、ずっと馴染めずにいたのだが、今や沖縄の海岸開発のほとんどが人工ビーチとセットだから、これはなるほど未来の沖縄の先取りだった。

アクアポリスが見た「夢」

そしてなんといっても「アクアポリス」である。未来の海上都市と銘打ったその姿は海洋博の象徴だった。あの手塚治虫先生が展示プロデューサーだったというのは、去年知ってびっくりした。白亜の巨大建築物（正式名称を「半潜水型浮遊式海洋構造物」というそうな）のことを、当時どことなくアニメに出てきた秘密基地のようだと思っていた。どんなに巨大でも、あくまでも海上に浮いているものだから、友達は「船酔いして最悪だった」らしい。

「海―その望ましい未来」というキャッチフレーズとは裏腹に、海洋博後、関連事業の不振で大型倒産が相次ぎ、沖縄経済は不況に陥ったとある。しかし復帰後、いや多分それまでの沖縄の歴史上、短期間にもっとも多くの〈日本人〉が訪れたであろう海洋博において、沖縄のイメージが「青い空、青い海、白い浜」として刻まれたのは間違いない。海洋博で初めて沖縄に来たという人は意外に多いのである。観光地として沖縄が本腰を入れざるを得なくなったのが、海洋博だったのかもしれない。

〈何名かの人に海洋博の思い出を聞こうと思ってインタビューしたのだが、ほとんど感想らしいものはなかった。はっきりいって、一般庶民の心に残っていないのだ。あんなに大きいイベントだったのに〉。

これは一九八九年に出版した『おきなわキーワードコラムブック』の「海洋博」のコラムからの抜粋。海洋博は沖縄人にとっては、浮かれ損ねたイベントだったようだ。

逆にその後、海洋博記念公園となってからは、いち県民としてつかず離れず一定の距離をおきつつも、それなりに遊びに出かける場所としてのつきあいも長くなった。

八〇年代、九〇年代と次第に錆びて、足を踏み入れることもなくなったアクアポリスは、那覇や宜野湾、さらに別府湾への移転案も浮上したこともあったが、あの頃の未来が夢であったことを証明しているかのような佇まいで、二〇〇〇年一〇月まで海洋博のシンボルとして、半潜水し浮遊し続けた。

本当の意味での海洋博の閉幕、夢の終わりは、アクアポリスが半島からその鎖を解かれ、鉄くずになるために、中国へ向けて曳航されるその姿に、地元のおじぃさん、おばぁさんが涙した、その日なのだろう。

さて読者の皆さんの実家にも探せばきっと出てくるであろう、海洋博グッズ。うちの場合、金・銀・銅の海洋博記念コインでした。

●与那原テック　1966年にオープンした県内初の遊園地。「科学が生んだオトギの国」というキャッチフレーズで、ゴーカート、ジェットコースター、観覧車、機関車、一人乗りリフトなどが楽しめた。86年に閉園、跡地はゴルフ場になった。

■1976年
1・18　海洋博閉幕
6・13　平良幸市が知事選勝利。革新県政継続
10・10　具志堅用高がボクシング世界チャンピオンに
11・22　宮古・八重山でテレビ（NHK）の同時放送開始
＊　空前のたい焼きブーム

■1977年
5・15　公用地法が失効。4日間の〝不法占拠〟状態に
6・23　三十三回忌を迎えた慰霊の日。
10・31　大浜方栄県教育委員長が「学力低下の責任は教師にある」と発言
11・18　初の産業まつり開幕
＊　琉球大学が千原キャンパスへの移転開始（〜84年）

一九七八年　ナナサンマル「7・30」

　サザンオールスターズが「勝手にシンドバッド」でデビューした夏、沖縄では、戦後三一年間続いた右側交通方式が、日本本土と同じ左側交通方式に変更された。復帰関連の処理事業としては最大と言われた「車は左　人は右」でおなじみの「ナナサンマル」である。

　戦後、米軍統治のもとで勝手に右側交通になっていた沖縄が、一九七二年の日本復帰を受けて、左側交通へ変わる〈交通革命〉（当時の『沖縄タイムス』より）。ドルから円への通貨交換が「五・一五」の復帰の日と同時に行われたのに対して、「ナナサンマル」はその六年後である。つまりアメリカ世よりも右側交通は長かったのだ。そしてその六年間というのは、我が国は「一国二制度」だったのである。やればできるじゃないか。たまたまだけど。

　でも、逆の立場になって考えてみて、「なぜ沖縄の方を変えないといけないの」という、きわめてもやっとした疑問も、あるにはある。

一九七八年七月三〇日午前六時をもって、沖縄全県下一斉に左側交通方式に変わる。前日の午後一〇時から一般車両を通行禁止にして、わずか八時間のうちに、沖縄県警をはじめとするプロジェクトチームは、その作業を成し遂げた。この時期沖縄は毎年「プロジェクトX」的なことばかりしているのである。

しかし一夜明けたら世の中がまるっきり逆になるなんて、なかなか経験できることじゃない。〈革命〉というより、ある意味、社会的なイリュージョンである。

広く県民に知らしめないといけないその一日「7・30」を「ナナサンマル」としたネーミングはシンプルだけど実に秀逸。胸のところにナナサンマルのマークがあしらわれた、ある意味刺激的なTシャツ姿の女性（ノーブラだったのだ）のポスターが街中に貼られ、横断歩道には、「右見て左見てもう一度」と呼びかけるシーサーが描かれていた。なのにぼくはその半年前、たまたまラジオ局のレポーターにインタビューされて「君たち、〈ナナサンマル〉って知ってる？」との質問に、「ラジオ沖縄の周波数」と答えてしまったのは、今でも恥ずかしい中三の記憶である。

それでもなんとか高校一年生になったぼくは、ワンダーフォーゲル部に入部した。移動キャンプをするそのクラブ、主な活動場所は、沖縄島北部、いわゆる山原の山の中、ジャ

復帰後最後の大型プロジェクト「ナナサンマル」。那覇市国際通りのむつみ橋歩道橋には変更の瞬間を待つ見物人たちもいた（1978.7.30）

ングルである。合宿のたびに那覇から山原へ向うのだが、その時の移動手段は、ヒッチハイクだった。まだ当時は「カニ族」的な若者も存在していたのである、ピース。

トリックめいた現実

初めてヒッチハイクしたのは六月、車はまだ右側通行だった。五八号線、泊高橋の交差点を少し越えたところ、北に向かって右側の道路沿いに立ち、車を停めるための、親指を立てて合図する例のポーズは、右手だった。「ナナサンマル」後、北上する道路は逆になり、したがってヒッチハイクも、左手の親指を立てることになった。

どっちでもいいじゃないのと思われるかもしれないが、こういう細かい変化から、交通標識などの一斉変更や、乗車口の位置が変わるために、全ての公共バスを買い替えなければならないという大きな変化まで含めて「ナナサンマル」は、日本国という制度に沖縄全体が馴染むための具体的かつ象徴的な変更だった。

「ナナサンマル」の当日、ぼくはビートルズのフィルムコンサートを観るために、二中前のバス停から銀バスに乗った。当時は頻繁にビートルズのフィルムコンサートがあったのだ。その日は確か映画「レット・イット・ビー」と「イエロー・サブマリン」を、東町にあった当時の労働福祉会館で上映していた、と記憶している。ちなみに「レット・イット・ビー」の意味は、「なすがままに」で、まったくその頃の心情にあってたりする。

乗り込むべきバス停は、逆になっていた。つまりバスの向かう方向が逆になり、右側だったバスの乗車口は、左側になっている。なるほど、ナナサンマルとはこういうことかと静かに納得した。同じバス停なのに、全然違うというトリックめいた現実。まるで街全体が間違い探しの写真のように、同じに見えて一か所だけ決定的に違う風景。

復帰関連のイベント（？）としては一区切りとなった「ナナサンマル」の後も、沖縄県民の混乱、困惑は続いた。

そして「車は左　人は右」となって三三年、沖縄がどんな風に進路変更しようとしているのかは、まだよく分からない。

●カニ族　大型リュックサックを背負った登山者や低予算旅行をする若者を指した俗称。1960年代後半から流行。旅行スタイルの変化などで、80年代以降には使われなくなった。

■1978年

7・30　「ナナサンマル」実施
10・1　沖縄平和祈念堂開堂
10・17　全面的に展示改善をした県立平和祈念資料館完成
12・11　西銘順治が県知事当選。保守系知事が誕生
12・29　演習中の米兵、名護市許田で機関銃乱射

■1979年

3・18　沖縄刑務所が知念村に移転
6・16　北大東村で殺人事件
7・5　下地島空港開港
7・19　県、米軍、那覇防衛施設局による三者連絡協議会が発足
8・1　県の自衛官募集業務スタート
10・1　琉球大学医学部開設

〈一九八〇年代〉「ヤマトンチューになりたくて、なりきれない」

一九八一年　具志堅用高、敗れる！

国際通りを歩いていたら、どこからともなく「具志堅用高、負けたらしいよ」という声が聞こえてきた。一九八一年三月八日、日曜日の晩だった。

ぼくは当時の多くの県民同様、具志堅の世界タイトル戦は欠かさず観ていた。中学の時は熱発して学校を休んでいても、頭をタオルで冷やしつつ、テレビ観戦していた。

その県民行事とも言うべき試合を観ないで、なぜ国際通りにいたのかといえば、高校の卒業式も終わり、大学の合格発表を待つのみという、少し浮き足立った季節の中で、友達と一緒に国際ショッピングセンターあたりで遊んだ帰りだったのだ。

その頃国際通りには柳並木があった。その揺れる柳の下、具志堅が世界チャンピオンの、そしてボクサーとしての輝ける歴史にピリオドを打ったことを知ったわけだ。世界戦一四度目にして、初の地元沖縄開催試合でのＫＯ負けというショッキングな出来事に、いつも

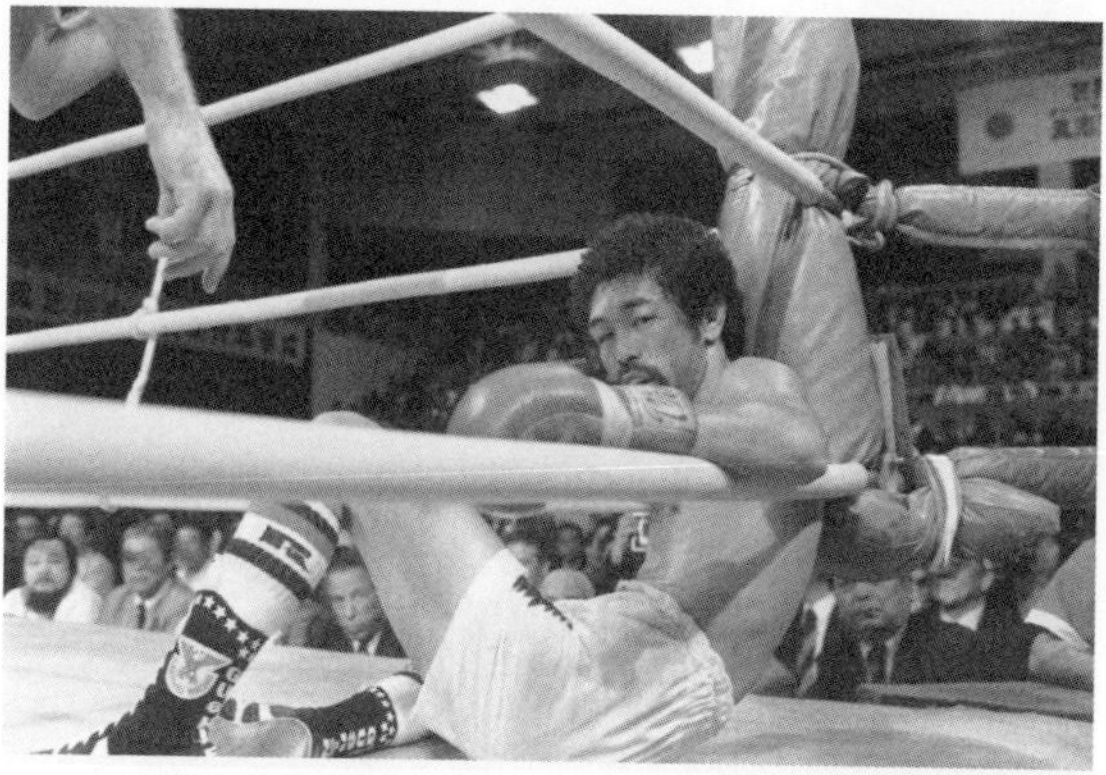

12ラウンド、ダウンした具志堅。その直後にタオルが投げこまれた。
具志川市総合体育館にて（1981.3.8）

賑やかなその通りが、ざわめいていた。「倒れる具志堅にただ呆然」「〝まさか負けるとは〟」（翌日の『沖縄タイムス』より）なのである。

そういえば、前年の一二月八日、ジョン・レノンが死んだ晩も、ぼくは、友達数人と国際通りをうろうろ、いやオロオロしていたな。あの頃、なぜだかそういう節目になると、国際通りに出て、街のざわめきを知ろうとしていた。

「百年に一度」のヒーロー

さて戦後の沖縄スポーツ界で、ひとりだけ真のヒーローとして名を挙げるとしたら、具志堅用高で決まりではないだろうか。不世出の天才ボクサー、「百年に一度」という形容詞に偽りなし。石垣島生まれの具志堅が、沖縄県出身として初めて世界チャンピオンになったのは、一九七六年一〇月。プロデビューわずか九戦で世界の頂点に立ち（当時の国内最短記録）、六連続KO勝ちを含む世界王座防衛一三回は、日本人世界チャンピオン防衛記録としては、未だに破られていない。

どのくらい強かったのか、あらためて言うべきことはないのだが、You Tubeで当時の具志堅の世界戦の闘いを観ると、やはりスゴイのである。KOで相手をしとめる際の鮮やかさはもちろんのことだが、それを上回る印象を残すのが、彼の闘争心である。マットに沈めた相手を、さらにパンチで仕留めようとする姿はまさに「カンムリワシ」（その生態はよく知りませんが）。

沖縄が、ボクシング王国として世界チャンピオンを輩出した背景には、この勝利に対するハングリー性があった。つまり「ヤマトゥんかい負きらんどー」（ヤマトには負けないぞ）という奴だ。世界戦ではあるが、象徴的な意味合いで、ということ。

しかし我々沖縄人にとって彼が「真のヒーロー」となったのは、その言動にある。試合以上にドキドキさせた、あのインタビューで放ったパンチ（名言）の数々。

実家の職業を聞かれて「お父さんは、海を歩いています」。家紋は、と聞かれて「コンクリート（ブロック塀）です」と答えたエピソードなどは、沖縄というより、全国的な伝説として語られている。

当時、沖縄人は総じて共通語に対してコンプレックスを抱いていた。なまりコンプレックスは、地方出身者だとよくあることかもしれないが、沖縄の場合〝本土復帰〟してまだ間もない頃であり、高度経済成長期を経た日本に対して「遅れ」ているという無意識も複雑に働いていた。全国のマスメディアに、素の沖縄が出てしまうと、猛烈な恥ずかしさが我々を襲っていた。

そんな中、具志堅は、しまくとぅばのイントネーションとボキャブラリーを隠さず、いや隠せないまま、リング上の強さとは真逆に、素朴な優しい、そしてファニーなしまんちゅの素顔を、そのユニークネスな言動で、全国区にしたのだ。

生まれジマの言葉を持ち続けることが、真の強さにつながることを表現していたと、今一度、大きく評価したい。沖縄のサブカルチャー史的にいえば、後の「沖縄ブーム」の基層のひとつを形成したのが具志堅用高なのである。

さて四月になりぼくは、琉大の中城キャンパスに通い始めた。ある一般教養の講座を受講していた時のこと。教授が出席を取り始めた。一人ずつ名前を呼んでいくのだが、ある女子学生の名前が呼ばれた時、教室にざわめきが起こった。

その「グシケンヨウコ」さんが呼ばれるたびに、ぼくらはついその姿を探してしまうのだった。

■1980年
2・8 最高裁、「門中は権利なき社団」との判断
8・4 上原康恒、WBAジュニアライト級チャンピオンに
8・21 沖縄近海航行中のソ連原潜が火災
8・30 主任制実施が決定
12・24 県議会「自衛官募集事務委託費」の予算を可決

■1981年
3・24 トートーメー継承訴訟で違憲判決
6・1 名護市新庁舎落成
11・14 新種の鳥、ヤンバルクイナと命名
11・23 那覇市が軍用地違憲訴訟
12・9 農連市場の一部明け渡しで機動隊導入
12・16 渡嘉敷勝男、WBAジュニアフライ級チャンピオンに

一九八一～八二年　断水326日

東日本大震災がもたらした被害の中で、確実に人災と呼べるものは、原発事故だと思うのだが、その影響で行われた「計画停電」のニュースを見るたびに、何かに少し似ているなと思っていた。

あれだ、雨不足による制限給水、いわゆる「断水」である。


ぼくが生まれたのは一九六三年で、その年がまた記録的な干ばつだったらしい。

その様子は、ドキュメンタリー作家の森口豁さんが初めて制作したというテレビドキュメンタリー「乾いた沖縄」で観たことがあった（ちなみに九二年頃、フェスティバルビルにあったライブハウスシアターで観たのだ）。

久高島の女性がカラカラにかわいた土地を、ガッガッと激しく耕すシーンが印象的だった。

　断水は、物心ついた時から、夏の風物詩、もしくは年中行事という感じで行われていた。小学校に水筒を持っていったのは、遠足の時と断水の時だった気がする。その時分は、比較的都市部の那覇でも井戸を生活のなかで使っていたようだ。実家のある樋川にも共同で使える井戸があって、ご近所どうしで井戸掃除をしていた。

　また雨樋で雨水を溜めるコンクリート製の円柱形のタンクを置いてある家もよくみかけた。

　もともと水資源が豊富とはいえない島であるため、水を大切にすることは、生活や信仰の基本だった。

　復帰の一九七二年以降も、ほぼ毎年、沖縄は断水にみまわれていた。その中でも一九八一年七月一〇日から始まり、翌八二年六月七日までの、実に三二六日にわたって沖縄島で実施された給水制限が、復帰後最大の断水である。

　沖縄県企業局のHPに掲載されていたのだが、「夜間八時間断水」から始まり「夜間一〇時間断水」、さらに「二四時間隔日給水」「隔日二〇時間給水」と、ほぼ一年にわたって続いている。実はこれ、断水の日本記録なのだそうだ。まぁそう言われても、という感じの記録ではありますが。ちなみに「隔日給水」というのは、地域を分けて、一方を給水して、もう一方を断水するということである。

それまでぼくの家は、断水に備えるための水タンクを使っていなかった。二階の小さなベランダの角にコンクリート製のものがあるにはあったが、なぜだが水道管をつなげていなかったのだ。しかし遂にこの年の断水の際に、水タンクをつなげてしまった。

水タンクがあるかどうかで、断水の感覚は、まったく変わってしまう。タンクを空にしない程度に使っていれば、隔日給水（断水）でも、生活に変わりはあまりない。断水でも、タンクがあるところとないところで、生活の質の格差が生まれるわけだ。

ほぼ一年にわたる日本記録の断水なのに、ぼくの中でほとんど記憶に残っていないのは、きっとそのせいだろう。

心の底に響く水の音

その頃、ぼくはまだ大学生で、ほぼ毎日深夜放送を聞いていた。「パック・イン・ミュージック」のナッチャコ（野沢那智・白石冬美）、「オールナイト・ニッポン」のタモリらが、眠れぬ夜のおともであった。まだお昼のテレビ「笑っていいとも！」は始まっておらず、タモリは、密室芸ともいえるスタイルでカルト的な人気があった。深夜放送には、まだ「若者の解放区」の匂いがしていた。

そんな深夜放送が終わっても、なかなか眠れずにいて、次第に朝の気配がしてくる頃、夜の断水が終わる。すると水タンクに給水される音が、静かに響いてくるのだ。その水は、遠く山原のダムから流れてきたわけだが、ジョロジョロとタンクを満たすその音を聞きながら、スッと眠りがやってきた。ぼくはその音が好きだった。

復帰後、さまざまな社会インフラ整備が行われるが、水資源の確保としてのダム建設も進み、昭和の終わりまでほぼ毎年続いていた渇水による断水は、一九九二年を最後に、沖縄島では行われていない。断水はいつの間にか夏の風物詩ではなくなっていた。でも屋上に設置される貯水用の水タンクは、沖縄の屋上をかざる景観のひとつとして定着した。断水への備え、いや恐れは、今も沖縄人の心の底の地下水脈のように流れている。

●「パック・イン・ミュージック」　1967年から82年までTBS系列で放送されていたラジオ番組。パーソナリティーの変遷はあるが、木曜深夜の野沢那智・白石冬美コンビは15年間不変だった。

●「オールナイト・ニッポン」　ニッポン放送で1967年スタートし、現在も続いているラジオ深夜放送の代名詞的番組。黄金期とされる82年当時のパーソナリティーは、中島みゆき、所ジョージ、タモリ、ビートたけし、吉田拓郎、笑福亭鶴光らが務めていた。

■1982年

2・5　国頭村安波の普久川ダム、10年がかりで完成
2・11　平和通りのアーケード完成
2・26　嘉手納基地爆音訴訟提訴
4・8　伊計大橋開通。全長198メートル
4・13　友利正がWBCジュニアフライ級世界チャンピオンに
6・7　前年7月10日から続いていた制限給水解除
8・26　南西航空機が石垣空港でオーバーランし、爆発炎上。乗客乗員は全員脱出
11・15　県知事選で西銘順治再選
12・12　一坪反戦地主設立総会

一九八三年　七か月のバススト争議

一九七二年復帰の時、ぼくは九歳だった。「アメリカ世」を、だいたいひとけたの年齢で過ごしたわけだ。なので、復帰からの一〇年間は、ほぼぼくの一〇代と重なる。そして、一九八二年「復帰一〇周年」を迎えた時、これから「日本国民」として過ごす年月の方が、「アメリカ世」を過ごした年月よりも多くなっていくのだなぁと、不思議な感慨を持ったものだ。復帰の余韻は消えていたが、一〇年ひと昔と感じるには、まだ何かが物足りなかった。

さて翌八三年のこと、一〇大ニュースのトップに挙がったのは「七カ月に及んだバス争議」である。私鉄沖縄が、二月二四日春闘要求書として賃上げ要求などをバス会社に提出したが、労使間の隔たりは大きく「予想された通りに悪化。事態は、こじれにこじれて、長期、泥沼化した」（『沖縄年鑑』沖縄タイムス社刊より）のである。

仲の悪い嫁姑みたいな、なかなかの書かれようであるが、九月一三日に和解（妥協ともいう）するまでの七か月のうち、実に三五日間バスストがあったのである。ちなみに当時の私鉄沖縄は、沖縄バス、琉球バス、那覇交通（銀バス）の三社。

そういえば、バスストってよくあったという印象は確かにある。でも東洋バスだけはストしないんだよなぁ、なぜだろうかと不思議に思ったもんだ。

鉄軌道のない沖縄では、バスが唯一の公共交通手段だった。通勤、通学には欠かせない存在である。バスストの時は、高校によっては、授業が中止になったようだ。しかしバスストライキは、年中行事のように繰り返され、この頃から、次第に県民のバス離れは始まっていたらしい。うちの近所の開南バス停は、市場で買い物をした人たちで、相変わらず賑わっていたのだけれども。

〈一九八〇年代〉

今夜もバス・ストップ！

ぼくも大学に入学してしばらくは、那覇から琉大の中城・千原《せんばる》キャンパスまでバス通学していた（「西原キャンパス」とは言わないのかという指摘があったが、うーん当時は言わなかった気がする）。開南バス停か国際通りまで出て、「琉大線」を利用していた。でも他の多くの学生同様、スクーターを手に入れると、バスにはほとんど乗らなくなっていた。

県民の生活に大きな影響を及ぼしたこのバス争議であるが、スクーターで通っていたぼくは、ほとんどその影響を受けなかった。

テレビCMで、ソフィア・ローレンが「ラッタッター」と呼びかけ、マイケル・ジャクソンが「今夜はドント・ストップ」で踊っていたあの頃、スクーターは、街を走る乗り物として定着した。ぼくは黒のタクトに乗っていた。友達は青のリードだったなぁ。懐かしい。沖縄のあちこちをカセットのウォークマンを聴きながら、走り回っていた。そしていつもカート・ヴォネガット・ジュニアを読んでいたのだ。

幼い頃、バスに乗るのは糸満や南風原にいる親戚に会いに行く時だった。那覇から遠く離れ、ようやく着いたという感じで、道は妙にほこりっぽかった。那覇に戻る頃には、日はとっぷり暮れて、今よりよっぽど暗い幹線道路を、バスはゆっくりと揺れていた。遠いところに行く、というのが、ぼくのバスの最初のイメージだ。

スクーターで走り回るようになると、ここもあそこもこんなに近かったんだと、不思議な気持ちになった。多分道路事情も良くなっていたのだろう。

昔とはだいぶ交通事情は変わったけれども、バス好きの友人によると、「バスに乗っていると、沖縄がどんなに広いのか分かる」のだそうだ。なるほど。バスの佇まいは、どこかしらいつも懐かしさをともなっている。

九月になると、西銘順治知事が提示した収拾案を労使双方が受け入れるかたちで、復帰後最大の交通ストライキは終結した。いや終結といえるかどうか。翌年まで続いた労使対立を受け、さらに提案されたバス会社の合併案は実現することなく、現在ある県内のバス会社のほとんどは、後年、民事再生法の適用を申請することになる。

ちなみにこの年の四月に沖縄タイムス社から発刊された『沖縄大百科事典』には、「五〇日バススト」という項目があって、一九六三年の全沖縄交通労組を中心とするバスストの様子が記されている。この時は困った利用者のために、トラック二七六台を全島に配置して人員を輸送したという。上には上があったというか、まだ戦後の香りバリバリだったのだなぁ。

●スクーター　両足をそろえて乗車できるオートバイの一形態。日本での普及は戦後間もなくだが、1980年のホンダ・タクトが発売された頃から、それまでの「原動機付き自転車」とは一線を画すスタイルと、原付き免許で運転できる手軽さからブームとなった。

●西銘順治知事…収拾案　西銘知事は9月12日、労使双方を知事室に招き、収拾案として、賃上げ1千円、生活手当4千円、年間一時金4・5カ月分を提示、持ち帰った琉球バス、那覇交通とも妥結した（沖縄バスは8月17日に妥結）。翌84年6月27日に琉球バスと那覇交通の合併を提言した。翌月に両社は合併に基本的に合意と知事に報告した。

●県内のバス会社の…民事再生法　当時のバス4社のうち3社がその後民事再生法の適用を申請している。東陽バスが2002年、那覇交通（銀バス）は03年、琉球バスは05年である（琉球バスは1994年に会社整理を申請）。那覇交通は那覇バスへ、琉球バスは琉球バス交通へそれぞれ営業譲渡された。両社とも第一交通産業（北九州市）の子会社。90年代には4社統合計画も盛んに議論されたが実現しなかった。

■1983年

2・10　厚生省による初の遺骨収集はじまる（～3・5）
3・18　県内最長の宜名真トンネル開通
9・13　長期化したバス争議全面解決
11・1　「沖縄の自然100選」選定証贈呈式
12・4　新石垣空港建設反対を訴える「海とくらしを守る会」結成
12・8　沖縄戦記録1フィート運動の会結成

■1984年

1・24　新種の昆虫「ヤンバルテナガコガネ」と命名
5・12　大東島で世界初の衛星放送開始
6・18　日教組大会が那覇市で始まる
7・3　沖教組が主任制手当を返還
8・2　ロス五輪で重量挙げの平良朝治が5位入賞
10・11　浦添市の一家に16人目の赤ちゃん誕生。「子宝日本一」に

一九八五年　西銘順治「沖縄の心」発言

一九八〇年代を振り返ってみると、「西銘順治とその時代」と名付けられても、そんなに違和感はない。一九七八年に県知事になって以来、一九九〇年に大田昌秀氏に敗れるまで三期にわたって続いた西銘県政は、沖縄の八〇年代をまるごと抱え込み、「かつての革新王国を保守安定へと導いた」（稲垣忠『「沖縄のこころ」への旅』より）とされる。まぁその存在は、圧倒的であっただろう。自民党政府との太いパイプにより、復帰前後から続いた革新県政の政治的思想と相反する政策を次々に実施、「本土並み」「格差是正」を目指した沖縄は、変貌していく……。ちなみに当時の日本の首相は中曽根康弘、アメリカはロナルド・レーガン、そういう時代だ。

しかしその時代において、西銘氏が残した名言として知られるのが「ヤマトンチュー（大和人）になりたくて、なりきれない心だろう」である。

訪米し、ワインバーガー国防長官との会談を前にした西銘順治知事（前列右）。米国防省（1985.6.7）

一九八五年の七月二〇日の朝日新聞「新人国記」において、「沖縄の心とは」と問われての即答だという。

立場を超えた名言か

正直この発言はうなる一言だ。いろんな立場を超えて、琉球処分後、そして復帰後の沖縄が抱き続ける心情をすぱっと表している。「日本人」と言わず、あっさり「ヤマトンチュー」と言ったところがミソである。日本国民に再び戻ったはずの沖縄県民は、しかしながらウチナーンチュ（沖縄人）として、ヤマトンチューになれるはずがないのだが、この複雑な思いは、プリズムのような沖縄の中で、いまでも乱反射し続けている。

インタビューでは、その後に「沖縄は本当の姿において、まだ日本に復帰していない」と西銘氏の言葉が続く。あれから二六年経ったわけだが、この言葉にも違和感はない。復帰すべきだったのかどうか、という個人的思案は別にしても、だ。

当時、西銘県政に関してぼくは、もやもやとした思いしかなかった。物心ついて以来、革新県政・市政で育った世代として、そのごりごりの保守ぶりになじめなかった。「ドン（首領）」と呼ぶにふさわしい風貌と相まって、なんかよくないイメージを持っていたのだが、前出の『「沖縄のこころ」への旅』によれば、〈情に厚かった。典型的な『清濁あわせのむ』タイプの政治家だった〉とある。西銘氏本人も〈平気で「私はあくどい方だ」とも言った。「何しろ英雄伝が好きだったんだから」と悪びれなかった〉そうである。政治家として確信的なありようだったようだ。

考えてみたら、西銘氏以後沖縄県知事は、学者、経済人と続き、政党政治家プロパーは出ていない。ヤマトンチューになりきれないまま、さらに「沖縄の心」は、変わってしまったに違いない。

さてぼくはといえば大学をその年卒業し、何故か福岡で就職したのだが、一か月ほどしてとっとと沖縄に戻ってきた。「ヤマトンチューになりたくて」県外に出たわけではなく、社会人になりきれなかっただけの話だ。しかし、当時はそれなりに落ち込んでいただろう。福岡から沖縄に船で戻ったのだが、季節はずれの三等客室には、ぼく以外だれも宿泊しておらず、その中で毛布にくるまりながら、ずっと『羊をめぐる冒険』を読んでいた。

時は折しも「バブル経済」、日本全体が浮かれ始める頃で、リゾート地としての沖縄イメージが定着していた。この年のＪＡＬのキャンペーンソングは、「ふたりの夏物語」杉山清貴&オメガトライブである。ひゃー。「沖縄」はヤマトンチューにはなりきれないが、リゾート地として、亜熱帯イメージと異文化カルチャー、そしてどこでもない場所としてのホテル・リゾートとしての「オキナワ」にはなりうるのだ。

沖縄に戻ってしばらくすると、社員募集広告が沖縄タイムスに載っていた『青い海』という月刊雑誌社に編集職として入ることができた。本が好きというだけで、編集のことなど何もわからないのだが、原稿取りやらインタビューやら、見よう見まねでやらしてもらった。その頃ロックバンド「六人組」を聴いて、はじめて新しいぼくらの世代の沖縄の姿が見えた気がした。空いた紙面のスペースに変名で「さよならアメリカ、さよならニッポン」というタイトルの随筆を知らんぷりして書いたこともあった。

なんだ、沖縄でもこれからぼくら世代なりのことができるかもしれないじゃないか……そう夢想していたら、四か月ほどたって『青い海』は休刊してしまったのであった。

●西銘順治　1990年の知事選敗北後は93年に衆院議員に。96年に政界引退し、2001年に80歳で死去。

●『羊をめぐる冒険』　村上春樹の長編第3作。デビュー作『風の歌を聴け』からの〈僕と鼠シリーズ〉完結編。1982年発表され、85年に文庫化された。

●『青い海』　1971年創刊の月刊総合誌で、85年9月号の通巻145号まで発行された。創刊当時は大阪で発行されたが、75年から那覇市に移った。

■1985年

2・10　那覇市明治橋工事現場で不発弾発見。この日1万人が避難し撤去
2・13　瀬底大橋開通
4・1　民営化に伴いNTT、JTの各沖縄支社が発足
4・13　金城次郎が沖縄初の人間国宝に
4・17　沖縄国際センターがオープン
4・28　全日本トライアスロン宮古島大会が初開催
4・28　沖縄市センター通りが中央パークアベニューに
6・14　県とハワイが姉妹都市提携
9・25　県収用委、「20年強制使用」申請を受理
12・8　第1回NAHAマラソン開催

一九八六年　日の丸・君が代問題

「日の丸・君が代」が〝問題〟として語られるようになったのはいつ頃からだろう。それは日本の戦後とともに始まったのかもしれないが、復帰後の沖縄で〝問題〟として注目されたのは一九八六年三月の、県立高校の卒業式からだろうか。

その頃、高校の卒業式で「日の丸・君が代」の実施がほぼゼロだった沖縄県に対して、文部省から「日の丸・君が代」を実施せよとの通達が、前年の九月にあった。それを受けて県教育庁は、県内の公立高校の卒業式において、「日の丸」を掲げ「君が代」を斉唱することを各高校に〝指導〟する。その指導のもと実施を目指す学校長とそれに反発する高教組・現場の先生たち。そして卒業式当日、多くの学校で「日の丸・君が代」は〝強行〟された。

さてその実施率はというと、なんと約八〇％である（五四校中四三校）。この極端さは、

混乱した卒業式。騒然となり泣き崩れる生徒の姿も。本部高校にて（1986.3.1）

当時の県知事・西銘順治氏の言う「沖縄の心」、つまり「ヤマトンチューになりたくてなりきれない」の表れともとれる。その当時実施率ゼロ、ないしはそれに近い県や市町村は、沖縄以外にもいくつもあったのだから、県や市町村レベルの対応として、日本国の一地域として、それぞれ独自の姿勢を打ち出すこともありえたはずなのだ。

〈「日の丸・君が代を一校も許さない」との闘争方針を掲げてきた組合だが、「混乱なく」を最優先、「実力阻止」を控えた〉（『沖縄タイムス』）というなか、本部高校は、卒業生が式をボイコットし、運動場で生徒の自主的な卒業式が行われた。

〈各クラス担任から卒業生一人ひとりに卒業証書が手渡された。証書を受け取った卒業生は教師や在校生と握手、生徒の中には泣く者もいた。司会、

ピアノ伴奏などもすべて生徒がやる卒業式。〉

最後は、「贈る言葉」を父母らと共に合唱したという。「日の丸・君が代」問題を抜きにして、そもそも卒業式はこれでいいんじゃないかという光景である。

国の強制で揺れた卒業式

さて実施の内容をみると、「日の丸」掲揚は、八〇％だが、「君が代」斉唱率は六％（たったの三校）である。「日の丸」は飾るだけでいい、校長先生が一人でもできちゃう。実際壇上でおもむろにカバンから日の丸を取り出して三脚に掲げたり、またピアノの陰の見えにくい場所に掲げるという〝配慮〟をした学校もあった。ところが斉唱となると、式の参加者全員を起立させて「君が代」を歌うことを〝強制〟しないといけない。当時の「日の丸・君が代」への抵抗の度合いからしてとても無理だ（起立しないからといってクビにはできなかったし！）。斉唱したという高校もテープで「君が代」を流しただけというところもあって、実質斉唱率は限りなくゼロに近い。

そういえばぼくの記憶の中に、学校での「日の丸・君が代」の記憶はない。特に「君が代」は歌詞もメロディーもあやふやで覚えていなかった、というのは、断言できる。思想的に云々以前に「知らない」という姿勢があった。大人になってからは、「あえて覚えない」という積極的な立場を取った。具体的には、スポーツの国際試合での「日の丸・君が代」シーンとなると、視線を外す、音を消す、小・中・高校の式典では、なんとなく座ったままでいる、などである。「君が代」を積極的に聴くのは、忌野清志郎氏がパンク・ロック調にアレンジしたやつをCDで聴く時である。（ちなみに一番困るのは、高校野球で沖縄勢が全国優勝した時である。皆さん、どうしてますか）。

この「日の丸・君が代」問題から一年後、読谷高校の卒業式において、壇上に掲げられた日の丸を生徒が撤去するというやむにやまれぬ行動があり、それは同じ年に行われた海邦国体ソフトボール会場に掲げられた日の丸が引きおろされ燃やされるという行動へとつながることになる。

この原稿を書く前に台風二号の後片付けで、母親が一人で住む開南の実家に立ち寄った。話のついでに、今から「日の丸・君が代」の話を書くんだ、復帰してしばらくは家や近所でも元旦・休日の時には「日の丸」掲げていたよねと話すと、「そうだねぇ。今は全然やってないけど。（出身の）島は今もやっているんじゃないかねぇ」と続けて、「沖縄にも『君が代』のような唄があるよね。私はそれを島のお母さんに、いつもこんな風に言い換えて、葉書に書いて送っていたよぉ」と教えてくれた。

んなとぅちびぬ石ぬ
大瀬なるまでぃん
うかきぶせみしょり
わん親がなし

母の思いを込めた意味として意訳するれば「んなとぅちび（地名）の小石が　大きな石になるまで　元気で過ごせますように　私の大切なお母さん」である。この歌が効いたのかどうか、島のぼくのおばぁさんは、今百歳を越えて健在である。やはりぼくにとっては、こちらの石の歌が、しっくりくるのである。

●「贈る言葉」　1979年に発売された海援隊の楽曲。海援隊の武田鉄矢が主演した学園ドラマ「3年B組金八先生」の主題歌に起用されたことから、卒業式の定番ソングともなった。

■1986年

2・26　未契約軍用地20年強制使用をめぐり第1回公開審開催

3・1　県教育長通達後初の卒業式。「日の丸・君が代」で混乱

4・11　泊大橋開通

4・15　県立芸術大学開学

7・24　浜田剛史、WBCジュニアウエルター級チャンピオンに

8・22　県の新庁舎起工式

10・4　第1回久茂地川フェスティバル開幕

10・14　沖縄市の南伸道工事現場で橋げたが落下。17人死傷

一九八七年「海邦国体」開催

那覇・波上側にある旭ヶ丘公園で、「第二回うるま祭り」のライブを見たのは、一九八七年九月二三日のことだった。その日は、沖縄で見られる二〇世紀最後の金環日食の日でもあった。「うるま祭り」は、その金環日食にあわせて行われた、世界平和を祈る、喜納昌吉独自のイベントである。多くの支援者や学生スタッフらが関わったらしい。とっても大変だったことだろう。ぼくはライブを見ただけだ。

午前中、自宅のベランダで金環日食を体験し（わざわざピンク・フロイドのアルバム「狂気」を大音量で掛け雰囲気を出してみた）、夕方からのライブに臨んだ。喜納昌吉とチャンプルーズの他に、ゼルダ、白竜、そしてブルーハーツなどが出演。たしかフリーライブだったと記憶しているが……。ゼルダはかっこよく、ブルーハーツは最高で、チャンプルーズに唖然とした夜だった。当時ぼくは、バイトでビデオ制作会社や観光ガイドの取材などをした後に、「沖縄出版」という地元の出版社で働いていたのだが、翌日、営業の男性に「昨日はだいぶはじけていたねぇ」と、少々冷やかされた。見られていたのだ。

友好と抵抗の狭間

同じ頃、第四二回国民体育大会「海邦国体」の夏季大会が、奥武山プールを主会場として九月二〇日から四日間行われていた。

復帰記念として七三年に行われた「若夏国体」は、あくまでも特別国体であったのに対して、「海邦国体」は、復帰一五周年を記念して行われた、全国一巡開催の最後を飾る大会であった。イベントの本番ともいえる秋季大会は、一〇月二五日から六日間行われた。

「一人一役、万人《ウマンチュ》が主役」というキャッチフレーズのもと、選手団以外にも多くの県民が大会を盛り上げるべく参加協力した。一方で、読谷村ソフトボール会場でのいわゆる「日の丸焼き捨て事件」も起きている。そういえば、その頃ある知り合いは、何故かよく警察の職務質問や尾行にあったと言っていたな……ホントかなぁ。

まあそのようにして、友好と抵抗の狭間で、イベントは形成されていく。そしてそのたびに、沖縄は、島の景観を変えていく。

沖縄自動車道は、海邦国体に間に合わせて、石川・那覇区間のいわゆる「南伸道路」が開通し、それにともない周辺道路も拡大整備された。南伸道路から見る風景は、それまで見てきた沖縄とどこか違うようで、なんだかとても不思議な感触があった。

それまで沖縄の道路は、基本的にアメリカ世《ユー》時代にできたものであり、車窓から流れる風景もまたアメリカ世の延長にあった。しかし新しい自動車道からは、本土に近づこうとする沖縄の姿が見えた気がする。しかしどんなにスピードあげても、この道は島の端っこで終わってしまうのだ。

さて海邦国体で一番県民が注目していたのは、沖縄県が総合優勝するかどうかではなく、天皇、皇后が沖縄にやってくるかどうか、だった。

海邦国体の何か月も前のこと、日頃はいわゆる政治的な話をしない社員の男性が、社内の飲み会の席で、「やっぱり、国体の時には、天皇陛下は沖縄に来てから、謝る、謝らないは別にして、県民に対して直接一言いうべきだ」と言うのを聞いて、内心「ほぉー」と感心したことがあった。居酒屋での話題のひとつとしてあがるほどに、広く関心が持たれていたのだ。政治・思想的なものではなく、もっと直接的な思いだった。

沖縄は、昭和天皇が、戦後、唯一訪れていない県だった。二七年間の米軍統治下という状況もあるが、その機会は何度かあったに違いない。国体を誘致し、その成功をひとつの政治的集大成としたい西銘知事は、「天皇をお迎えして、沖縄の戦後を終わらせたい」と語ったという。

しかし結局、戦後初の来沖は、昭和天皇の〈思わぬ病のため断念〉された。開会式には、名代として皇太子ご夫妻が来沖し、いわゆる「お言葉」を代読した。

〈本年全国一巡を成し遂げるこの大会が、さきの大戦による多大の辛苦を克服して、今日の隆盛を迎えたこの沖縄の地で開催されたことは、まことに喜びにたえません〉（「お言葉」より）

その喜びに値するような現実をぼくたちはまだ見たことがない気がするのは、やはり沖縄の戦後から解放されていないからだろう。

●居酒屋　１９８０年代頃から居酒屋のチェーン店化が進み、安く大人数が集まれることから、女性や家族連れも顧客になるように。沖縄タイムス社編『写真記録　沖縄戦後史』では「居酒屋ブーム」として85年1月の写真を掲げ、「居酒屋、貸しビデオ、アメリカ風外食産業、こうした最近の流行現象は本土の地方都市と同じで、居酒屋はヤング、特に女性をターゲットに大繁盛している」と解説している。

■1987年

1・17　ハリアー基地建設阻止で、安波区民と米兵が衝突

6・21　嘉手納基地を2万5千人の「人の輪」で完全包囲

9・3　沖縄コンベンションセンター落成

9・20　海邦国体夏季大会（～23日）

10・8　沖縄自動車道石川～那覇（南伸道）が開通

10・25　海邦国体秋季大会（～30日）。県勢は天皇杯・皇后杯を獲得

一九八九年　「慰霊の日」休日廃止問題

人は誰でもターニングポイントとなる年がある、だろう。ぼくにとっては、『おきなわキーワードコラムブック』が「まぶい組編」として出版された一九八九年こそが、まさにいろんなことの始まりの年であったといえる。

昭和から平成へと変わり、手塚治虫が亡くなり、ベルリンの壁は崩壊し、「山は動いた」現代史的にも強烈な八九年、〈青い空と青い海だけじゃない〉という、コザのロック・バンド「ザ・ワルツ」の「沖縄ロックン・ロール」のシャウトを帯の惹句として出版された『おきなわキーワード……』は、「沖縄とは何か」という問いかけを、サブカルチャー的な視点で試みたもので、当時としては画期的なローカル・ベストセラーとなった。「あい！」で始まり「んみゃーち」で終わるその本は、編集者であったぼく自身の未来をも変えてしまった。沖縄だからこそ、やりたいことができるんじゃないかという予感、である。「おきなわキーワード」の項目によって当時の沖縄イメージを笑い飛ばしたぼくは、その後の沖縄の未来像をかいま見た気がしたものだ。

「御万人《うまんちゅ》」の反発広がる

ちょうどその頃、八九年六月の県議会において、当時の西銘県政は、自治体法の一部改正に伴い、いわゆる「土曜閉庁」に関する新条例案を提出する。その中に県職員の「慰霊の日」休日を廃止するという条例が含まれていた。

そうなのだ、後に「慰霊の日休日廃止問題」とされる騒動のきっかけは、週休二日制の導入なのである。

いわゆる「高度資本主義経済」となった日本の生活スタイルが変わるその流れの中で、「本土並み」を最大のテーマとしていた西銘県政は、「行政機関として慰霊の日を(職員の)休日とすることはできない」とし、しかしまた休日であろうとなかろうと、「慰霊の日」は存続し、その平和希求の理念が否定されるものではないとした。

しかし沖縄の世論は、素早く鋭く反応した。各種団体からの慰霊の日休日存続の要求決議や、慰霊の日問題を考えるシンポジウムが開かれ、慰霊の日休日廃止への反発は、全県

休日存続の意見が多く出たシンポジウム。タイムス・ホール（1986.6.15）

的な動きへと拡大した。

議案提出された六月議会では結局、県民の合意が得られていないということで継続審議となり、その後も九月、一二月の議会においても論議はまとまらず、年を越えた九〇年三月の議会において、とうとう廃案となるのである。

多数与党である西銘県政下において、執行部提出議案が廃案となったのは、これが初めてであったという。今思えば、これが八〇年代的沖縄の「終わりの始まり」だったのだ。

この一件によって、復帰後の七四年に制定された慰霊の日を、八九年に沖縄県民は改めて制定し直したといえるだろう。慰霊の日が現在もちゃんと休日であることには、立派に意味がある。沖縄が勝ち取った数少ない成果なのだ。

沖縄の世論は、時々思い出したかのように、野党問わず、いわゆる〈御万人〉の名のもとにまとまる事がある。沖縄の世論の逆鱗に触れる場合、そのほとんどは、沖縄戦に関するものである。それは極めて健全なことのように思うのだけど。

ちなみに翌年の慰霊の日には、歴代首相としては初めて海部俊樹首相が沖縄全戦没者追悼式典に参加している。

「慰霊の日休日廃止」に関する条例が廃案になった頃、ぼくは新しく始まる沖縄テレビの若者向け番組「ウチナー待夢」にレギュラー出演することになった。寺田麗子アナウンサーに誘われたのだ。そこで一緒になったのが、まだ大学生だった、八重山歌謡の唄い手・新良幸人や短大卒業したばっかかりの漫才コンビ「泉&やよい」たち。テーマ曲を制作するというので、ぼくがぜひにと推薦したのが、ザ・ワルツのローリーだった。そして彼はそのテーマ曲に「僕等の名前を覚えてほしい／そうさ、戦争をちっとも知りたくない子どもたち」というフレーズを入れた。この少し刺激的なニュアンスに過敏に反応したマスコミもいたが、戦争を体験したくないぼくら世代にとっても、沖縄戦を考えることは沖縄の文化のひとつだと感じとっていたのだった。

一九九一年にスタートした、ぼくも裏方として参加している「新良幸人プレゼンツ　一合瓶ライブ」を、慰霊の日前後の土曜日にしたのも、そういう気持ちがほんの少しだけ込められている。

そしてこのライブは、二一年たった現在も続いているのであった。

（注「一合瓶ライブ」は三一年たっても続いています）

■1988年
2・9　家永教科書検定訴訟の沖縄出張法廷開催（〜10日）
5・26　沖縄自由貿易地域那覇地区完成。日本初のフリーゾーン
9・30　那覇大綱挽の中止決定（いわゆる自粛）
12・7　第1回サントピア沖縄開幕

■1989年
1・9　沖縄電力の政府保有株、一般売り出し。一般投資家が殺到
6・23　ひめゆり平和祈念資料館開館
8・30　『事典版　おきなわキーワードコラムブック』発行
11・26　第1回ツール・ド・おきなわ開催
11・30　連合沖縄が発足

沖縄テレビ「ウチナー待夢」（1990.4 ～ 1991.3）
（著者所蔵）

〈一九九〇年代〉「オータ」と「アムロ」の時代

一九九〇年　大田昌秀革新県政誕生

一九九〇年一一月一八日、大田昌秀氏が西銘順治氏を破り、一二年ぶりに〝保守〟から〝革新〟へ県政奪回した夜、ぼくは沖縄大学の学園祭の後夜祭で、ライブを見ながら、学生たちと騒いでいた。当時、ぼくは新しく設立された出版社ボーダーインクに参加して『Wander』というコラムマガジンを「まぶい組編」として創刊した。「まぶい組」は、『おきなわキーワードコラムブック』を作った際の名前である。その執筆者というか、手伝ってくれるメンバーに沖縄大学の一風変わった学生が何人もいて、ぼくもいつのまにやら学生気分で、一緒に大学祭にも潜り込んで楽しんでいたのである。

後夜祭のライブで盛り上がっているさなか、そのニュースは伝わってきた。ぼくたちは、おーっとどよめき、興奮した。その夏準優勝した沖縄水産高校野球部の試合を平和通りで応援した時のように……。というのは、言い過ぎだが、女子学生のひとりが、このサプライズをどうにかここにいる学生たちに伝えたい、「そうだ、号外だそう」と言いだし、その場にあったチラシの裏やざら紙に、マジックで「大田勝利！」とか書きなぐって、周辺に配り出した。

その熱気に押される感じで、ぼくもまたなぜだか一緒に手書き号外ビラを学生たちに配ったりしたのだ。手渡された学生たちは、戸惑いつつも、号外ビラを手にしたまま後夜祭の盛り上がりの中にのみこまれていった。

「沖縄らしさ」求めた変化

県庁新庁舎が落成し、「世界のウチナーンチュ大会」が初めて開催されたこの年、西銘氏は「日本一の沖縄を」というキャッチフレーズを掲げ四期目を目指したが、革新統一候補として琉球大学教授から転身した大田氏の前に、三万票の差をつけられて、その座を明け渡した。

今では〝革新統一候補〟という響きも懐かしいが、その当時でも全野党共闘体制は沖縄だけだったという。ちなみにその頃でいうと、社大、社会、共産推薦、公明支持となる。八〇年代の革新陣営・冬の時代においても、その共闘体制を維持していたことや、一方

選挙戦最終日、両陣営が那覇市平和通りで鉢合わせ。それぞれのコールで騒然となった（1990.11.17）

で長期政権の弊害が表面化し自民党県連内部の派閥争いが修復できなかったことなど、この三万票の大差についてはいろいろ推し量ることはできるが、県庁舎が新しくなると、その時の主《ぬし》は出て行くことになる、という噂は本当だったということろだろう。

「本土並み」から「沖縄らしさ」を求める時代へと変わった節目として、大田昌秀知事の誕生は九〇年代沖縄のその後を予感させる出来事だった。

そういえば、ぼくが選挙権を得て初めて投票した選挙はなんの選挙だったろうか。まだ瀬長亀次郎さんが現役の衆議院議員だった頃だ。カメジローさんといえば、一度直接電話で選挙運動の電話をもらったことがある。うちの父親へだったが、すでに亡くなったということを告げると「それはご愁傷さまです」という感じで挨拶された。

……そういうわけで八〇年代の選挙はなんとなく茫漠《ぼうばく》としていて、とにかく誰に投票したのかは忘れてしまったのだけど、投票所となっていた、歩いてすぐの中学校に行った時の光景は、なぜだか覚えている。ぼくは、夕暮れ迫る校舎へ、あちらこちらからゆっくりと歩いてくる大人たちの姿を見ながら、本当に一票ずつ、みんなそれぞれが投票しているんだという当たり前のことを実感して、ちょっと感激してしまったのだ。

以来、一度も欠かさず投票しているのは、いつもその光景が頭をよぎるからだ。

時は流れて一九九八年、大田氏が三選を目指した県知事選挙戦、その最終日。ぼくはたまたま開南バス停で、すごい人数で突き進む稲嶺陣営の行列と遭遇した。道を埋め尽くすような勢いで人々はシュプレヒコールをあげて、打ち上げ会場となる国際通り、むつみ橋あたりに向かっていた。こんな行列を見たのは、復帰前後のデモくらいだなぁと思いつつ、その光景に胸を締め付けられるような圧力を感じた。

〈声高らかにシュプレヒコールされたのは、政治の言葉ではなくて、「宣伝コピー」そのものの響きだった。幼い頃、子供心にワクワクした、あのデモの熱気とは違う、まったく異質な熱狂の中の渦の中で、ぼくは、まったくの絶望感を感じていた〉と、ぼくはナイーブにも、当時まだしぶとく発行していた『Wander』二五号に書いている。その頃からか、選挙には広告代理店的戦略が必要となったようだ。

「現実的対応」という言葉が登場して以降、今はもう選挙結果に対して、ナイーブに一喜一憂しないようにしているのだけど、あの夜、沖縄は変わるかもしれないと思った事だけは、密かに忘れないでおこう。

●沖縄水産高校野球部　1990年の第72回全国高校野球選手権大会で県勢初の準優勝を果たした。翌91年も準優勝（決勝戦は両年とも8月21日）。甲子園で2年連続決勝進出はこれまでに春11校、夏6校(うち2校は3年連続)あるが、連続で優勝を逃したのは沖水が唯一である。
●世界のウチナーンチュ大会　世界各地の沖縄県系人が集い交流を深める県主催の大会。1990年、95年、2001年、06年と開催され、延べ1万5千人以上が〃帰郷〃した。11年10月に第5回大会が開かれた。
●瀬長亀次郎　復帰前から「抵抗のシンボル」として大衆的人気を誇った政治家。1970

年の国政参加選挙で衆議院議員に当選以来7期連続で当選。90年には出馬せず政界引退。2001年死去。

〈一九九〇年代〉

■1990年

1・26　県新庁舎落成（2月21日開庁式）
2・1　浦添市美術館開館
2・19　高嶺剛監督の「ウンタマギルー」がベルリン映画祭カリガリ賞受賞
3・30　慰霊の日の休日存続が決定
6・23　沖縄全戦没者追悼式に現職首相として初めて海部俊樹首相が出席
8・21　沖縄水産、県勢初の甲子園準優勝
8・23　第1回世界のウチナーンチュ大会開催（〜26日）
11・18　県知事選で大田昌秀勝利

一九九一年　喜納昌吉、紅白出場

一九九一年の一月一七日、アメリカを中心とする多国籍軍がイラク空爆を開始し、いわゆる「湾岸戦争」が始まった。ぼくは那覇の与儀タンク跡のアパートの一室、つまりボーダーインクの事務所で、コラムマガジン『Wander』や、宮里千里氏の初のエッセイ集となる『アコークロー』を編集しながら、スカッドミサイルやパトリオットミサイルが飛び交う様子をテレビの中継で見ていた。後に「ニンテンドー・ウォー」と呼ばれる映像を見ても、ゲームをまったくしないぼくは、ただただ呆然とテレビを眺めるだけだった。

同じ年の一二月三一日の夜は、NHK紅白歌合戦で喜納昌吉氏が「花〜すべての人の心に花を〜」を歌うのを見ていた。「すべての武器を楽器に」というアーティスト・メッセージを掲げる喜納氏の紅白初出場が湾岸戦争と同じ年だったということに、つい意味を求めてしまうのは自分でもどうかと思うが、その頃、日本復帰二〇周年を翌年に控えて、沖縄は中央のマスコミから注目されていたことは確かである。

この紅白で、引退していたあのシンシアこと南沙織さんが一四年ぶりに歌声を披露したのは、明らかに復帰二〇周年を踏まえてのことだった。ちなみに彼女は復帰の前年にデビューしている。その後の新聞インタビューでの発言を見ると、沖縄に対する思いは並々ならぬものがあったようだ。ついでに言えばＳＭＡＰも、この年紅白初出場だったりする。

ぼくが「沖縄ブーム」という言葉を実感していたのは、まさにこの頃、つまり九〇年から、復帰二〇周年となる九二年までである。「沖縄の文化はおもしろい。ポップだと思う」なんてことを、取材にきた中央メディアに対して盛んに言いまくっていた。その実感というか根拠のひとつだったのが、沖縄のポップミュージックだった。

注目された沖縄ポップ

沖縄が時代の節目において、日本からの視線を集める時、常に沖縄音楽も注目されてきた。例えば喜納昌吉とチャンプルーズが七七年に「ハイサイおじさん」をひっさげてメジャーデビューした頃は、民謡とロックの革命的な融合が、いわゆるカウンターカルチャーとして日本のポップミュージックシーンに衝撃を与えた。沖縄が日本にとって異質である

ピース＆エコロジーうまんちゅコンサートに出演しフィナーレで観客と一体となって盛り上がる喜納昌吉氏。宜野湾海浜公園（1991.10.25）

ことのおもしろさがそこにあった。そしてその衝撃は、イギリスやアメリカの一部のミュージシャンたちにも伝わっていたようだ。ただその頃、沖縄発の音楽は日本の中ではマーケット的に居場所が確保されたものではなかった。

しかし九〇年代となると「ワールドミュージック」が注目され、その流れの中で登場した「りんけんバンド」や「ネーネーズ」などは、ちょっとした沖縄ブームを巻き起こしていた。つまり日本のポップミュージックシーンの中で、沖縄ポップと名付けられた沖縄発の音楽が、商業的なジャンルとして、大々的ではないにしろ確立したのだ。

もうひとつ特徴をあげると、喜納昌吉とチャンプルーズの「花」に代表されるように、汎アジア的な広がりを持つものだった。当時の沖縄音楽の盛り上がりに対して、宮里・アコークロー・千里氏はこんなことを書いていた。

〈沖縄発アジア経由東京着という、従来の形を打ち破ってのケースも登場したりする。これはうれしい。新しい展開の中心に昌吉が座っている〉

紅白出場者が絢爛豪華な衣装を競う中で、シンプルにスピリチュアルな白の衣装をまとった喜納昌吉氏は、人差し指を天に向かってあげるおなじみのポーズで、「ワン・ラブ」と言った。観ている日本国民の多くはどういう意味？　と思ったことだろう。そして県民の多くは、ウチナーグチと思ったかもしれない。

九〇年代後半、つまり安室奈美恵のブレイク以降、紅白歌合戦には沖縄出身の歌手が多数参加するようになった。石嶺聡子、ダ・パンプ、マックス、スピード、Kiroro、夏川りみ、ビギン、Gackt、ガレッジセール・ゴリ、オレンジレンジ、ＨＹなどに加えて、「島唄」を歌ったザ・ブームや「さとうきび畑」の森山良子など、沖縄に関係する楽曲を歌った歌手を含めるとかなりの数かもしれない。なんでも県民人口に対する紅白出場者の比率は全国一位なんだという。これもまた、時代の節目にやってきた沖縄ブームの余韻かもしれない。

■1991年

2・4　米軍貯油施設（パイプライン）撤去開始

3・11　県が第3次沖縄振興開発計画大綱策定

3・21　沖縄尚学高柔道部、初の全国一

4・19　県内初の再開発ビル「パレットくもじ」営業開始

5・28　大田昌秀知事、「公告・縦覧代行問題」で、代行を正式表明

8・20　尚弘子氏が副知事就任。全国で2番目の女性副知事誕生

8・21　沖縄水産高、2年連続の甲子園準優勝

9・18　渡名喜元完さん、男性長寿日本一に

11・5　沖縄開発庁長官に伊江朝雄氏就任。県出身初の大臣

12・31　NHK紅白歌合戦に喜納昌吉、初出場

一九九二年　「首里城公園」開園

日本復帰二〇周年の年、ぼくはストレスで円形脱毛症になった。連日訪れる本土マスコミの「沖縄の若者にとって、〝日本復帰〟とは何ですか」という取材に対応しているうちに、ハッと気がつくと、後頭部に、不思議なことに二〇周年記念なのか、二つの大きなハゲが出来ていたのだ。ぼくはそれを〝ミステリーサークル〟と名付けた。

この怒濤の取材に関しては、「来るものは拒まず」で対応しようと決めていた。個人的にはさしたる感慨もない二〇周年であったが、沖縄ブームの当事者のひとりとして、どうせ誰かがこうした質問に答えねばならないのなら、〈できるだけ誠実に、間違った想像をされないように、そして個人として一個人である取材の人たちと接しようとした〉(『うちあたいの日々』より)のである。当時、ぼくにはそういう義務があるような気がしていたのだ。

そしてコラムマガジン『Wander』に、「復帰二十周年カラ騒ぎによせて」と題した特集で、どのような取材を受けたのか細かくまとめてみたりした。こうしたサブカルチャー的な現状も、後世になんらかの資料となるのではないかと考えたからだ。

〈「復帰二十周年」に騒ぐ大和メディアが、「大和化の完成形としての沖縄ブーム」の枠にとどまるものが多いのは、結局「大和にとって沖縄（異民族、異文化）とはなにか」という問題を呈示しきれない限界を表しているんじゃないの〉なんて記している。

なるほど。この原稿を書くにあたって、十分役に立った。二〇年前のぼく、ありがとう。

観光施設から世界遺産へ

さて当時、沖縄が注目されるのもこの復帰二〇周年でひと区切りとなるだろうといわれていた。日米政府からのビッグ・サプライズとして、米軍基地の一部が返還されるのではないかしらと期待していたのだが、そんなことはまったくなく、復帰二〇周年最大のイベントといえば、戦後初めて復元された琉球王朝文化の象徴である首里城の開園ということになるだろう。

それまで、日本三大がっかり名所ともいわれた「守礼門」しかなかったその場所に、〈1984年に首里城正殿の復元を核に国営公園として整備していく構想が打ち出され、86

開園初日、家族連れや観光客がつめかけ入場者数は４万6000人に(1992.11.3)

年に事業着手、８９年７月は復元工事がスタートした〉(『写真記録　沖縄戦後史』)。なるほど八〇年代の「本土に追いつき追い越せ」的な背景があったかもしれない。

ぼくらは割に冷めた目で、首里城のオープンを観ていた。要するにまったく見たこともない城《グスク》に対して、どのような感情移入をすればよいのか、見当もつかなかったのだ。首里城にノスタルジーを感じる人は、地元首里の方々をしても、そんなに多くはなかっただろう。ぼくらにとってグスクとは、石垣に囲まれた、何もない広場のイメージしかなかった。

開門を数か月後に控えて、復帰二〇周年がらみのテレビの生放送に出演した際、映画監督のＭ氏が「(復元された) 首里城ってハリボテでしょう」

というコメントをして、ぼくもそうだよなぁなんて共感してたら、首里城復元に携わった関係者の方が、中継先の首里城の前で怒っていた。確かにその後、首里城復元の作業がプロジェクトX的に大変困難かつ有意義なものであるかを知るにつけ、そりゃワジルだろうなーと理解できた。でもこうした「観光施設」的な見方は、ある程度共有されていたのだ。

たしか首里城開園に合わせて開催された南風原文化センターの企画展「南風原の風」は、首里城をマンガタミ（支えた）した名も無き貧しい農民たちの暮らしをテーマにして、華やかな王朝文化と対抗する形で、田舎の村人達の生活文化を展示しており、その中には、「役人が農民をたたいたムチ」とか「年貢を払うために働きすぎて倒れた農民」の人形というのがあった。なかなかのセンスだなあと当時相当感心したものである。ちなみに企画展のネーミングは、もちろん翌年放映されたNHK大河ドラマ「琉球の風」のもじりである。

首里城オープン前日の晩、ぼくは知り合いのホームパーティに向かう途中、話のタネとして、わざわざ寄り道して首里城の近くを歩いてみた。ライトアップされていたかどうか、思い出せないけれど、夜の首里の散歩は、好きになった。入場料を払って首里城正殿の中を見るのは、それから数年後、結婚して子どもが生まれてからのことである。子連れになると、とにかく様々な県内の観光施設に行くことになるのだ。

復元された首里城を、文化財として見るのか、観光施設として見るのか。その問いは、二〇〇〇年、首里城をはじめとする「琉球王国のグスク及び関連遺産群」が世界遺産として登録されたことにより、ひとつの答えが出たのかもしれない。つまり文化財は観光施設なのである。その精神が受け継がれるかどうかは、また別の話で、これからも続く長い問いかけなんだろう。

復帰二〇周年の沖縄ブームは、翌年にNHK大河ドラマで「琉球の風」が放映されるまで続いた。読谷に琉球王朝時代を再現したオープンセットが建てられ、その後、沖縄初の本格的なテーマパークとして新しい観光施設となる。

ちなみに頭のミステリーサークルは、その後しばらく残り続けたが、「琉球の風」が通り過ぎ沖縄ブームが収まる頃、いつのまにか無くなっていた。

●「琉球の風」　1993年1月から半年間放映されたNHK大河ドラマ。原作・陳舜臣。出演・東山紀之、原田知世ら。「薩摩の侵略を許し属国となった琉球王国。現代に続く沖縄の悲哀とアイデンティティーを若者の群像劇として描いた」（『NHK大河ドラマ大全』より）。平均視聴率は17・3％で、昨年（2011年連載時）までの全49作中46番目の低さ。県内では琉球語による吹き替え版も放映された。首里城公園開園の92年11月3日からスタジオ収録が始まっている。

■1992年

2・3 石垣市で中学生の集団暴行致死事件発生
4・11 平仲明信、WBAジュニアウエルター級世界チャンピオンに
5・15 復帰20周年記念式典開催
6・11 両旭琉会へ「指定暴力団」認定
9・3 福州園が開園
10・14 尚家の文化財、那覇市へ無償譲渡。この日調印式
11・3 首里城公園開園。首里城正殿復元

■1993年

1・10 NHK大河ドラマ「琉球の風」がスタート
2・1 県物産公社設立
4・25 第44回全国植樹祭が糸満市で開催。天皇夫妻が初来県
8・9 細川内閣発足で上原康助が県選出では初の大臣に
10・30 ウリミバエ根絶で八重山群島のウリ類移動禁止解除
12・16 宮古・八重山で民放の放映開始

一九九五年　10・21県民総決起大会

その日の午前中、当時、パーソナリティとして出演していたラジオ沖縄の「いいことありそうウィークエンド」生放送の仕事が終わると、ぼくはそのまま那覇から宜野湾の海浜公園へと車を走らせた。交通渋滞を避けるためだ。沖縄県民総決起大会の会場であるその場所は、お祭りやライブなどのイベントで馴染みだった。翌日も野外劇場では、ディアマンテスのライブが予定されていた。

開催時刻の一時間半前に到着したのだが、まだ参加者は少なくてビーチの駐車場にすんなり停めることができた。広場には多くのマスコミ陣が取材に走り回って「沖縄の怒り」を拾おうとしている。頭上の取材ヘリの音が緊張感を出す。那覇市の臨時バスでやってくる妻と去年生まれた娘は、まだ到着していないようなので、会場をひと通りウロウロしたあと、人工ビーチへ戻ってみた。青空の下、砂浜にはそれなりに海水浴を楽しむ人もいて、のんびりしたものだけど、なぜかボブ・マーリーがビーチのスピーカーから流れていたことだけは、今もしっかりと覚えている。

「阪神淡路大震災」、「地下鉄サリン事件」と、衝撃的な出来事が続いた「戦後五〇年」のこの年、沖縄では「平和の礎」をはじめとして、沖縄戦を改めて問い直す文化的なメモリアル・イベントが数多く開かれていた。沖縄戦を考えることは、五〇年たって、沖縄文化のひとつとなったようだ。

そんな中、起こったのが米兵による少女暴行事件だった。この事件に最初にすばやく日米政府に抗議の声をあげたのは県内の女性団体だった。妻に連れられて、まだ生まれて九か月ほどの娘と一緒にそうした集会に参加したりしてるうちに、あっという間に全県的な、復帰後最大の抗議運動になった。

復帰後最大の怒りを共有

「米軍人による少女暴行事件を糾弾し日米地位協定の見直しを要求する」。これが総決起大会の目的である。事件直後、日本の外務大臣は「日米地位協定は見直さない」という趣旨のコメントを発表していたのだ。大田昌秀県知事は、県民世論の後押しを受け、米軍基

参加者で埋め尽くされた会場。その向こうに普天間飛行場が見える
(1995.10,21)

地の土地強制使用の代理署名を拒否し、日米政府へ戦後五〇年の沖縄問題を突きつけた。

気がつけば広場は参加者でいっぱいだった。ぞくぞくと人の流れが途切れない。まるで川の流れのような人々は、後日「八万五千人」と称されるのだが、労組や市民運動団体だけではなく、ぼくたちのような家族連れや制服姿の高校生のような若い世代から、沖縄戦を体験しているお年寄りまで、沖縄の各世代がそろったようだった。

そしてこんなにたくさんの人たちが集まったのにもかかわらず、ぼくが一番印象的だったのは、その静けさであった。

筑紫哲也氏は、「こんなに人があつまるのは、沖縄の本土復帰運動が高揚した六〇年代後半以来のこと」と懐かしむ中年以降の参加者たちを見ながら、しかし明らかに当時とは違うと感じ、その様子を翌日の『沖縄タイムス』のコラム「多事争論」でこう書いている。〈ひとつの答えは「自発性」の高さだと思い至った〉〈10・21の集会には実に多様な人たちが思い思い集まっていた〉〈やって来るのは自分の自発的意思という人が多かった。それが一種の和やかささえ生み出していた〉

労組らしいグループは旗を立て拡声器でなにやら演説している。その後ろの木陰でぼくたち家族は、友人らと青いビニールシートを広げ大会に臨んだ。記念に撮った写真だけみると、赤ん坊がいるせいで、まるでピクニックのようだった。ぼくのように、初めてこうした集会に参加する世代も多かっただろう。静かな怒りを、多くの参加者と共有することによって、ぼくはある種の心地よさを感じていた。

宮古、八重山でも同様に三千人規模の抗議大会があった。交通渋滞に巻き込まれて、まったく時間内には到着できなかった友人は、ラジオで大会の様子を聴いたという。確かテレビの生中継もあったはずだ（大会がウチナータイムとならず時間通り始まったのはそのせいか？まさかね）。

あれから一八年もたったなんて嘘みたいだ。何がかというと、沖縄の米軍基地問題が何も進展していないということがだ。あの日、何かが起こると予感した心のざわめきは、なんだったんだろう。

ぼくは当時こう考えていた。今この国で沖縄の人々が声をそろえて「米軍基地の整理・縮小、そして撤去」を打ち出すことは、一種の独立宣言じゃないかな……。

●宜野湾海浜公園　国道58号宜野湾バイパス沿いにある総合運動公園。1987年供用開始。コンベンションセンターも隣接し、県レベルの催事が数多く開かれている。

●ディアマンテス　アルベルト城間を中心にして1991年に結成されたラテンバンド。95年は「魂をコンドルにのせて」「野茂英雄のテーマ」「片手に三線を」と立て続けにヒットを飛ばしている。

■1994年

2・24　嘉手納爆音訴訟で判決

4・15　名桜大学開学

6・1　シュガーホールが開館。県内初の音楽専用ホール

8・24　第1回沖縄県・福建省サミット開幕

■1995年

1・9　伊良部町会議員ら23人一斉逮捕

1・17　阪神淡路大震災

3・3　具志川市民芸術劇場オープン

3・13　来間大橋開通

4・21　泊ふ頭旅客ターミナルビル「とまりん」オープン

6・23　平和の礎除幕式

7・30　1万人のエイサー踊り隊開催

8・1　県立公文書館オープン

8・17　県が「世界長寿地域」を宣言

10・1　琉球朝日放送が開局

10・21　米兵による暴行事件に抗議する県民総決起大会

11・20　SACO初会合

一九九六年　安室奈美恵、大ブレーク

日本初の県民投票が沖縄で行われた一九九六年、シングル「Don't wanna cry」で「日本レコード大賞」を受賞した安室奈美恵は、まさに時代の顔だった。当時一九歳での受賞は史上最年少。翌年にもさらに「CAN YOU CELEBRATE?」で二年連続の大賞受賞を果たしている。

「沖縄アクターズスクール」という地元からスタートし、幼くして集団就職的に日本の芸能界に飛び込んだ安室奈美恵が「TRY ME」でブレークし小室哲哉プロデュースのもとダンスナンバーを大ヒットさせ、そのファッションとともに「アムラー」という社会現象を日本中で巻き起こした時期と、沖縄が全県的な運動を展開して「米軍基地の整理・縮小と日米地位協定見直し」という社会問題に揺れていた時期は、今思うと不思議なくらいシンクロしている。

那覇市パレットくもじ前の広場に出現した「子象のオリ」(1996.9.8、著者撮影)

九〇年代後半を「オータとアムロの時代」と名付けてもいいかもしれないし、やはり違うかな、とも思う。

カーラジオから「You're my sunshine」がいつも流れていたその夏、「安室奈美恵 with スーパーモンキーズ」初の沖縄コンサートは、旧盆の真っ最中に宜野湾コンベンションセンターの野外劇場で行われた。

同じ日、東京の大法廷では、大田昌秀県知事らの「代理署名拒否裁判」の判決があり、沖縄県側敗訴の判断が至極当然のように下された。

九月七日の「沖縄における米軍基地の整理・縮小と日米地位協定の見直しに関する住民投票」の時、ぼくら家族は、その投票に直接参加できない一六歳から一九歳の沖縄の若者たちのため設けられたパレットくもじ前の模擬投票会場の通称「子象のオリ」を見に行った。当時国の不法占拠状態で有名になった読谷の米軍通信施設・通称「象のオリ」を真似たミニチュアである。あの頃、家族連れでドライブがてら本物の「象のオリ」に行ったりもしていたのだ。

カラフルな布が巻かれた「子象のオリ」。自主投票を呼びかける学生たち。

ぼくは、その光景を新しい沖縄の姿だと思った。そしてその時、頭の中には「沖縄を返せ」ではなく「Don't wanna cry」が鳴っていた気がする。

さて「全国初! JUST NOW!」の県民投票はというと、投票率五九・五三%、賛成率八九・〇九%であった。つまり投票率は自民党の実質的な投票回避が影響したが、投票した人の多くは基地の整理・縮小と地位協定の見直しに賛成したということ。

県民投票のなんとも微妙な結果を受けて、当時の橋本龍太郎総理は沖縄振興策で特別調整費五〇億円を計上させ、大田知事は、米軍用地の強制使用手続きの公告縦覧の代行に応じることになる。

このあっという間の展開に「県民投票って何だったたばー」と、高校生・大学生たちは、知事に直接会って話を聞くという出来事があり、ぼくは大人だったけど、やっぱり、なんとなくあふぁーになった(気が抜けた)記憶がある。

シンクロする終わらない夢

安室奈美恵は、当たり前だが当時、いわゆる沖縄問題についてコメントらしきものは発してはいないけれど、「Don't wanna cry」の歌詞は、あまりにも沖縄の状況にはまっていたのだ。

あの時、ぼくは沖縄の安室世代と一緒に歌ってみたかったのかもしれない。一度くらい、頻繁に行われた集会で、〝ガンバロー〟のシュプレヒコールではなく、この歌が流れていたらと、今も夢想する。それは、後に九州・沖縄サミットで安室奈美恵が歌った「NEVER END」のように、どこまでも続く終わりのない沖縄の夢なのかもしれない。

安室奈美恵は、あれから現在に至るまで常にトップアーティストとして活躍し、日本・アジアでの影響力を改めて見ると、今や〝偉大な〟という形容詞で語るにふさわしい存在だと思う。ちなみに安室ちゃんの誕生日は、一九七七年九月二〇日である。(明日だね、おめでとうございます。[新聞掲載時。偶然です])。

そしてその同じ年に生まれているのが、CoccoとKiroroである。それぞれ九〇年代後半に国内チャートランキング一位を獲得した沖縄出身の女性アーティストである。沖縄は歌の島とはいうけれど、この年に一体なにがあったのだろうか。合同生まれ年コンサートが開かれたら最強だな。

　復帰後生まれの世代を中心に、九〇年代後半に次々と登場した沖縄のアーティスト、タレントたちは、以前のように〈沖縄〉を背負ってはいない。でもそれぞれの心の中の沖縄的なものを隠すことなく、日本のサブカルチャーシーンにおいてメジャーになれる時代となった。凄いことだ。

　そしてそれは、沖縄の生活文化が商品として成立していく布石でもあった、というのは、また別の話である。

●「県民投票って何だったばー?」　模擬投票や「子象のオリ」などに取り組んだ高校生、写真家・石川真生らが実行委員会となって開いた。1996年10月26日にパレットくもじ前で討論会。その中心メンバーらは11月8日に大田昌秀県知事と会談した。

■1996年

1・11 又吉栄喜「豚の報い」が芥川賞受賞
3・25 代理署名訴訟で福岡高裁那覇支部は国側勝訴の判決
4・1 楚辺通信所の一部用地が使用期限切れ。不法占拠状態に
4・12 日米両政府が普天間飛行場返還で合意
5・2 紅型の玉那覇有公が人間国宝に
8・28 代理署名訴訟で最高裁大法廷は県敗訴の判決
9・8 全国初の県民投票実施。投票率は59・53％
9・13 大田知事が公告縦覧の代行を応諾

＊この年の入域観光客数、過去最高の345万9500人

当時のコラムマガジンWander（ボーダーインク）。基地問題について特集を組むことが増えた

一九九七年　「ミハマ・セブンプレックス」開館

数週間前のことだが、家族そろって北谷のミハマに出掛けた。目的は映画である。

かつて小学生だった娘と那覇の国映館で「千と千尋の神隠し」を、グランドオリオンで「ハリー・ポッターと賢者の石」を、桜坂劇場で「リンダ・リンダ・リンダ」を観にいったもんだが、高校生になって一緒に映画館に行くのは、久しぶりである。でもミハマに家族連れで行くのは、もっと久しぶりなのだ。娘がまだよちよち歩きの頃、できたてのスポットだった「美浜アメリカンビレッジ」には、何度か遊びに行った記憶がある。子連れ夫婦は、とにかく県内の様々な観光スポット回りを、ひと通りするものなのだ。

ミハマのシンボルだった観覧車にさっそく乗ってみたのだが、その後は物珍しげに立ち並ぶショップをひと通りぶらついても、若者の範疇ではないぼくが購入すべきものはあまりないようだった。

子どもを浜で遊ばせようと、隣接するサンセットビーチに行くと、照屋林賢さんとばったり合って、なぜだかスナップ写真を撮られたこともあったなぁ。林賢さんは美浜にいち早く自らのスタジオとライブハウスを構えていた。

九七年七月に、沖縄初の複合型映画館施設「ミハマ・セブンプレックス」ができて、美浜アメリカンビレッジは、県内で最も賑やかなアミューズメント・リゾート地域として名を馳せ、わざわざヒッチハイクして、ミハマに遊びに行く高校生の姿を見かけるようになった頃には、観光スポットとしても定着していた。しかし子どもが大きくなり、観光地巡りが一段落していたぼくたち家族の足は、ミハマからは遠のいていた。今回「ハリー・ポッター」が始まるまでの間、現在のミハマを、実に久々にぶらついてみて、その盛況ぶりに圧倒されてしまったのだった。観光ガイドにどーんと載っているだけのことはある。

沖縄最大の郊外型商業アミューズメント空間にごった返す人混みの熱気は、意外なことにかつて那覇の七〇年代の国際通りや、コザの八〇年代のパークアベニューが失ってしまったものに近いかもしれない。しかし決定的に違う風景でもある。似ているのは、戦後生まれた街特有の人々のたくましい欲望に満ちた混沌とした気配で、違うのはそれが見事に計画的なところだ。

かつてそこに米軍基地があったことを今の若い子たちは知らなくて当然かもしれないが、そのミハマの成功によって、沖縄にそれまで存在してきた「村」と「都市」以外に、「郊外」という異空間が定着したのだと思う。その要因に「アメリカ的」なるものがあるというのが、やはりあまりにも戦後の「沖縄的」だ。

米軍基地跡が異空間の「郊外」へ

でも思い出してみれば、砂辺の防波堤沿いにあったカフェバーやショップに、ドライブがてら遊びに行くのが流行だった八〇年代後半から、北谷の西海岸が那覇やコザの郊外として位置づけられるのは自然な流れだったのかもしれない。週末ごとに集まる米兵たちのバカ騒ぎを気にすることなく、店内のガラス越しに海を眺めることがおしゃれと思う感性が既にそこにはあった。

まだ「ハンビー飛行場の跡地」という方がしっくりしていた頃、人工ビーチ造成中の様子の写真を撮りに来たことがあった。浅瀬の海の中を、巨大なヤドカリのようなブルドーザーが走り回る姿は衝撃的で、見た目綺麗な人工ビーチというのは、なるほどそういうものかと納得した。

米軍基地が土地の多くを占めている中部なのに、わざわざ「アメリカン」と銘打つのには違和感があったけれど、でも既に自然発生的にあったナイトマーケットにぼくたちが時々紛れ込んでいたのは、そこにアジア的な匂いを求めていたからだ。まだまだ空き地だらけで、車も停め放題で、そこに商業施設が建ち並ぶ姿なんてまったく想像できなかった。そのまま新しい市場通りができて、さらに混沌としたらいいのに、なんて勝手なことを思っていたのだ。

那覇生まれの石垣育ちの異能の小説家・池上永一は、二〇〇〇年発表の『レキオス』の中で、生まれて間もないハンビータウン一帯の混沌とした光景を〈パラドックスのオンパレード〉と描写し、でも〈このパターンを繰り返せばフラクタルが生じ、自然界を模倣した形態になる。人工でありながら自然のパターンがあれば人は流れてくる〉と予言している。続けて彼の言葉を使わせてもらうと、こういうことだろう。

米軍基地から解放された土地に出現した「郊外」は、沖縄の〈新しい魔境である〉と。

●ミハマセブンプレックス　県内初の複合型映画館。総客席数1701席はオープン当時九州最大級と報じられた。周辺に無料で1400台が駐車可能の町営駐車場がある。

●ヒッチハイク　通りすがりの自動車に無料で乗せてもらうこと。1996年に、若手芸人「猿岩石」がユーラシア大陸横断をヒッチハイクで行う企画がテレビ放送され、反響を呼んだ。犯罪を誘発するなどの理由から法律で禁止している国も多い。

■1997年

2・10　米軍が鳥島射爆場で劣化ウラン弾を使用していたことが判明
3・7　「5・15メモ」の全容が明らかに
6・16　県道104号越え実弾砲撃演習の本土実施で日米が合意
7・17　目取真俊「水滴」が芥川賞受賞
8・21　沖縄空手・古武道世界大会が開幕
8・25　若ノ城の新入幕が決定。県出身3人目
10・31　知念かおりが女流本因坊獲得
12・12　対馬丸の船体53年ぶりに確認
12・21　海上ヘリ基地建設の是非を問う名護市市民投票。反対票が過半数
12・24　比嘉鉄也名護市長が海上ヘリ基地受け入れと辞意を表明

一九九九年　映画「ナビィの恋」大ヒット

「ナビィの恋」の試写会の後、ぼくは「うーん、困ったなぁ」と少し浮かない気分だった。映画公開のけっこう前だった、と記憶している。中江裕司監督に感想を聞かれてうまく反応ができなかったのだ。

粟国島で撮影されたこの作品が公開されるまでしばらくかかったのは、公開のタイミングを待っていたからのようだ。一九九八年から九九年にかけて「沖縄映画」は公開ラッシュの様相を呈していた。「BEAT」「カメジロー　沖縄の青春」「夢幻琉球　つるヘンリー」「豚の報い」など、その他メジャー、マイナー取り混ぜて様々な沖縄を舞台にした映画が公開された。その中で、あえて公開を秋から冬の時期にして、九〇年代最後を飾ることになったのが「ナビィの恋」だった。

なぜぼくは戸惑ったのか。それは映画の内容が、小型船舶で主人公が離島に渡るシーンから始まって、これまでの中江作品のどこかで見たようなシーンの連続に思えたのだ。〝我らが世代の沖縄映画〟と、かってに思っている「パイナップル・ツアーズ」(九二年公開)の可能性に入れ込んだものとしては、悪くはないのだけれど、新しさがないように感じたのだ。

しかしその印象は、その後、地元新聞に「沖縄映画」について書くために公開直前の「ナビィの恋」と高嶺剛監督の「夢幻琉球　つるヘンリー」を続けざまに見直して、変わった。

この二つの作品は両者とも〈沖縄芝居〉が重要なモチーフになっており、〈まるで歪んだ合わせ鏡のような相似形を見せて〉いるとぼくは感じた。「沖縄の現実」を描くために〈沖縄芝居〉をポストモダン的に解体しアートとして表現した「つるヘンリー」と、かたや「島の夢」を描くために、〈沖縄芝居〉の手法を徹底的にエンターテイメントとして展開し、ウチナーンチュのツボにはまるようベタに創り上げた「ナビィの恋」。この二つの世界が沖縄芝居の連鎖劇のように絡み合えば、さらに新しい「沖縄映画」ができるかもしれないと、夢想してしまったのだ。

そして二度目に見た「ナビィの恋」は、不思議なことに前より面白かったのだ。

一一月、いよいよ公開されるということで、ぼくは応援の意味を込めボーダーインクの事務所のドアに「ナビィの恋」のポスターを貼った。すると、公開一週間後の事だ。ポスターを見た通りすがりのおばぁさん二人が事務所に「前売り券、あるねー」と入ってきたのだ。こんなこと初めてである。たまたまぼくは前売り券を預かっていたので、二枚売ったら、友達同士らしいおばぁさんたちは「面白そうだったから、見たかったさ」と去っていった。映画がブレイクする瞬間をこの目で見た、と思った。おばぁたーに受けている！

「ナビィの恋」がしたヒットしたわけ

「ナビィ」は一般の映画館ではなく、パレット市民劇場で上映されたあと、リウボウホールで一般公開されていた。キャパは二〇〇人ほどの多目的ホールである。公開から一一日目、「映画の日」からおばぁたちを中心に、突如観客が増え始めた。そしてその後は毎回満員という状態が続くことになる。三週間後、観客動員二万人を超えた頃には社会現象と言ってもいい状態になっていた。ぼくは映画を、というよりも、その観客を見るために何度か足を運んだ。上映中、老若男女、世代を超えて集まった観客は宣伝文句通り「カンナジ笑わせます　泣かせます」状態であった。

年開けて二〇〇〇年、「ナビィがヒットしたわけ」をインタビューするためにリウボウ

リウボウホールの映写室で中江監督にインタビュー。「おばぁさんのリピーターが多い」（Wander28号、2000年3月発行　ボーダーインク）

ホールに中江監督に会いにいったら、監督はひとり、映写室で映写機を回していた。たまたま映写技師がいなかったのだ。午前中でその日上映の整理券が全部はけて、キャンセル待ちに、立ち見にと、客が並びまくっていた。

中江監督は、これまでの〈集大成的な感じで作った〉とする「ナビィの恋」を、

〈この映画、沖縄人がそうとうくそーと思っているはずよ。やっぱりね、それは大いに思ってもらわないと。どうして映画の監督がウチナーンチュではないのか〉

と語った。

ぼくはそのインタビューに「『ナビィの恋』に恋するおばぁたち」というタイトルを付けた。

「ナビィの恋」は、九九年末から年明け一月にかけて東京でも公開されていて、沖縄サミット開催を決めた小渕首相も鑑賞して絶賛した。〈沖縄の温かさがいいなぁ。音楽もいい。沖縄のすべてが込められている映画だった〉とコメントし、沖縄サミットへの追い風と捉えた。

いつしか『ナビィ』は、ゼロ年代の〝沖縄イメージ〟の根源となる文化的イコンと化し、その〝功罪〟が問われていくことになるのだが、沖縄芝居好きのおばぁたちが大ヒットの火をつけた、ということは、映画にとっては幸せな出来事だったに違いない。

●「ナビィの恋」　主要な出演者は以下の通り。平良とみ、登川誠仁、西田尚美、村上淳、平良進。嘉手苅林昌（この作品が遺作に）。特に登川の映画初出演は話題になり、全国的な知名度を得た。

●「パイナップル・ツアーズ」　琉球大学映画研究会出身の真喜屋力、中江裕司、當間早志の3監督によるオムニバス映画。日本映画監督協会新人賞。

●高嶺剛　1948年石垣市生まれで、沖縄出身の映画監督の先駆け。89年の「ウンタマギルー」はベルリン国際映画祭カリガリ賞受賞。

●映画の日　日本で初めて映画が一般公開された日を記念して制定。毎年12月1日で、この日は入場券の割引サービスが定着している。

■1998年

2・1　壺屋焼物博物館オープン

2・6　大田知事がヘリ基地建設反対を正式表明

5・22　嘉手納爆音訴訟控訴審判決。双方とも上告断念し16年の闘争に幕

11・15　県知事選で稲嶺恵一が現職を破り初当選

■1999年

4・4　沖縄尚学が県勢甲子園初の優勝（春の選抜）

4・29　沖縄サミット開催決定

5・15　漫湖のラムサール条約登録決定

5・26　那覇空港の新ターミナル供用開始

8・31　沖縄山形屋閉店

11・22　稲嶺知事が普天間基地移設先に辺野古沿岸域を選定

〈二〇〇〇年代〉以降　「苦渋の決断」はもういらない

二〇〇〇年「沖縄サミット」開催

ヘリコプターで那覇空港から直接、摩文仁の平和祈念公園に降り立ったクリントン米大統領が「平和の礎」の前で演説を行っていた時、ぼくは公園近くのまちや小（雑貨店）におじゃまして、テレビ中継されているその模様を、お店のおばぁちゃんらと見ていた。なぜそのような事態になったかというと、実は沖縄タイムスの企画で、記者と同行して、その演説の模様をレポートする予定だったのだ。しかしプレス用のＩＤカードを持ってなかったぼくは、厳重警備中の平和公園敷地内に一ミリも近寄ることができなかった。それで苦肉の策として、平和公園に一番近いまちや小で見たテレビ中継をレポートすることになったのだ。

同じように公園入り口でうろうろしていた、中部から来たというおじさんは「アイゼンハワーが来たときは見れたのによー」と訝《いぶか》しがっていた。

沖縄県民にとっては、サミットでの会議の内容よりも、任期期限間近とはいえ米大統領がこの沖縄の地で何を言うのかが、最大の関心事だった。

青い海をバックに、沖縄戦終結の地で「イクサユンスマチ　ミルクユンヤガテ」と琉歌まで引用した演説は、中東和平首脳会議を継続させ、ぎりぎりの日程で沖縄サミットにやって来たにしては、いかにも用意周到だった。

平和の礎で演説したクリントン大統領（2000.7.20）

一緒に見ていたまちや小のおばぁは「クリントンは若白髪かどうか」を気にしていた。

沖縄でのG8サミット開催を小渕恵三総理大臣が電撃決定してからの約一年間、沖縄は、官民挙げてサミット狂騒曲ともいえる光景が日常化していた。各市町村が各国首脳の歓迎イベント誘致で奔走し、沖縄を世界へアピールする「千載一遇のチャンス」と過剰な歓迎ムードの一方で、沖縄島全島がテロ対策として厳戒態勢の警備が敷かれた。

「警備に聖域なし」との言葉のもと、北部ホテルの会議場周辺の墓を開けさせようとした過剰な警備方針には、さすがにぼくも唖然として、開いた口が、閉まらなかった。

〈墓を開ける（つまり、暴くということだ）行為は、その土地の文化に対してどのような考え方をもっているのかを、極めて端的に、かつ象徴的に表していると思う〉（「墓を開ける風景」新城和博『沖縄タイムス』二〇〇一年七月六日掲載）

戒厳と歓迎の日々

サミット関連イベントが行われる地域は、ちょっとした戒厳令状態となっていた。

当時、首里城近く徒歩一〇分に住んでいたぼくは、ふと思い立ち、家族そろって戒厳令の夜の散歩に出掛けてみた。サミットで晩餐会会場となる首里城周辺は、全国から送り込まれた警官が、ずいぶん前から昼夜問わず警備に立っていた。サーチライトに照らされた首里城に近づくにつれ警官の数は増え、ぼくと妻はなんとなく緊張する。城の正面入り口に差し掛かった時、保育園年長組だった娘は、緊張をほぐすかのように突如「犬のおまわりさん」を大声で歌い始めた。〈犬のおまわりさん　困ってしまって　わんわんわわーん〉のところで、ぼくは苦笑しつつ、あわてて娘の口をふさいだ。これも意外に自粛する県民性かしら……。

それでもサミットの前日、「海の日」だったその日、ぼくら家族は懲りずに友達どうし誘いあって、海外メディアに対して沖縄の米軍基地問題をアピールするべく実施された「嘉手納基地包囲網」に参加した。サミット直前ということで人数が集まるか心配されたが、〈人の鎖〉による包囲は三回目にして無事成功し、一安心する。終了後、自粛しないマイカーに赤いバンダナを巻いて、嘉手納基地を一周してみた。帰りにＡ＆Ｗでルートビアを飲む。サミットが始まる前に、なんだかもう終わったような気分だった。

サミット関連のイベントは、中江裕司演出・構成によるサミット・オープニングフェスティバル「御万人《ウマンチュ》カチャーシー大会」で始まり、安室奈美恵がサミットテーマ曲「NEVER END」を披露したサミット歓迎レセプションを経て、沖縄舞踊や琉球伝統料理も披露された首里城での各国首脳の歓迎晩餐会でピークを迎えた（ちなみにその豪華ぶりは海外メディアからは「あまりに贅沢」「宴会サミット」と揶揄された）。

更なる交通規制がかけられた首里城近辺は台風の目に入ったように静かだった。各国首脳の顔が見れるかもしれないと、龍潭あたりへ行くと、近所の住民がわさわさと通りに出て来て、意外に人通りは多かった。沿道はもちろん警備の警官らが、二、三メートルおきに立っている。しばらく待っていると、護衛の車に囲まれて各国首脳が次々と目の前を通り過ぎて行った。手を伸ばせば触れそうなほどだ。クリントン大統領を乗せた車は、ルーム・ライトをつけたままま、ゆっくりと、余裕を持って沿道で手を振る人たちの前を通り過ぎていった。

こんなに近くにいても、何も届かない。ようやく直接見たクリントンの横顔に、ぼくはどうということもなく、ただポケットに手を突っ込んだままだった。

サミット最終日、ぼくは娘と宜野湾の嘉数高台公園にセミを採りに行った。午後、首里に戻ると、街中にあれほどいた警備の警官たちの姿は魔法のように消え去っていた。こうしてぼくらの沖縄サミットの日々は、割とあっけなく終わった。しばらく、サミットチルダイとでも名付けたい、ぼーっとした気分が続いていたかもしれない……。

●アイゼンハワーが来たとき　1960年6月19日、アイゼンハワー米大統領が沖縄を訪問。

嘉手納基地からオープンカーで那覇までパレードしたが、1万5千人以上の米兵が警護にあたった。沖縄サミットではそれ以来の米大統領の訪沖となった。

●A&W　米国に本拠地を置くファストフードチェーンで、日本では米軍基地内を別にすれば沖縄県にしか店舗はない。1963年のオープンは他のファストフード店の日本進出より早く、公式サイトでは「日本初」を謳《うた》っている。

■2000年

1・8　ハワイで移民100周年記念式典
4・24　麻薬特例法違反で県内初の逮捕者。この年、女子中学生の覚せい剤使用事件が社会問題化
4・26　新石垣空港の建設位置がカラ岳陸上案に正式決定
5・19　県内から3人が人間国宝に同時認定。芸能部門では県内初
6・25　衆院選で東門美津子が初当選。沖縄初の女性国会議員に
7・21　沖縄サミット開催（～23日）
11・30　「琉球王国のグスクおよび関連遺産群」の世界遺産登録が正式決定

二〇〇一年　ドラマ「ちゅらさん」ブーム

『東京の沖縄人』（新垣譲著）という、東京で暮らしている普通の若き沖縄人たちへのインタビュー本の打ち合わせで、那覇の東町にあるホテルのロビーで著者を待っている時に、初めて「ちゅらさん」のポスターを見た。青い海と空と白い砂浜をバックに微笑む女性。綺麗な人だなぁというのが、ヒロインである国仲涼子の第一印象だった。

ＮＨＫ朝の連続テレビ小説で〈沖縄〉が舞台になるのは初めてということで、地元での注目度はスタート前から高かった。そして一九九三年に同じく初めて〈琉球〉が舞台となったＮＨＫ大河ドラマ「琉球の風」がいまひとつ盛り上がらなかった（と思うのだが）時とは、沖縄を取り巻く状況はずいぶん変わっていた。

普天間飛行場撤去の問題が、いつのまにやら県内移設問題にすり替わって、沖縄の政治状況が閉塞的になる一方で、前年の沖縄サミット開催、映画「ナビィの恋」のヒットとほ

「ちゅらさん」出演者がロケ地の那覇市農連市場前で記念撮影。右から三人目が「えりぃ」こと国仲涼子さん（2000.12.9）

ぼ同時期に刊行された『沖縄オバァ列伝』も沖縄県内でベストセラーとなり、〈オバァ〉がサブカルチャー化した。また〈癒し〉〈長寿〉〈健康食〉といったウエルネスなキーワードが沖縄を語る際の定番となったのもこの頃だ。

母親が沖縄出身だった岡田恵和脚本による「ちゅらさん」は、こうした流れをホームドラマとして集約するかたちで、日本全国のお茶の間に届けたのである。「沖縄イメージ論」を展開する社会学者多田治氏いわく〈「ちゅらさん」そのものが、沖縄イメージの博覧会であった〉。そしてそのイメージは、そのほとんどが「わしたショップ」で手に入る意味において、アンテナショップ・物産展的だった。

「ちゅらさん」は、結果的に歴代の朝ドラ作品と比較しても高い人気を誇る作品となり、ドラマの中で描かれた「であるサー」的な〈ウチナーヤマトグチ〉やゴーヤーや泡盛などの食や濃密でゆるい家族関係など、沖縄の生活文化は全国に浸透し、まさしく「沖縄ブーム」が起こったのだ。

「ちゅらさん」が地元沖縄で人気を博したのは、主人公のえりぃを始めとして、キーパーソンとなる多くの沖縄人の役を沖縄出身者が演じていたことも大きいだろう。甲子園の高校野球を全県的に応援する感じというか。特に〈オバァ〉役でナレーションも担当した平良とみは、同じく出演者でウチナーヤマトグチ指導も担当した藤木勇人が「平良とみさんは、沖縄の〈オバァ〉から日本の〈オバァ〉になった」と評するほどのブレイクぶりだった。

九〇年代前半の「沖縄ブーム」は、沖縄の生活文化のおもしろさを再発見し、コラム、映画、演劇、音楽などのサブカル的手法で新しい沖縄イメージを創り出そうとしたもので、当時ぼくは〈沖縄はポップである〉と宣言した。つまり一種のカウンターカルチャーとして位置づけてみたのだ。

しかし「ちゅらさん」を契機にした「沖縄ブーム」は沖縄イメージの消費、ひとことで言えば産業、商売としてちゃんと成立するものであった。なるほどブームとは、全国的に物産が売れることなのね、と納得したけれど、当時の沖縄内の閉塞感に囚われていたぼくは、ただただその様子を、遠くから眺めているだけだった。

えりぃも、そろそろ四〇歳！

「ちゅらさん」が物語の佳境に入っていた九月一一日、アメリカ同時多発テロが起こり、ニューヨークのツインタワーが崩れ落ちる画面がライブで全世界に中継された。もちろんぼくもその画面を、CNNのブレイキング・ニュースで食い入るように見ていた。

翌朝の「ちゅらさん」は同じように放送されたのだろうか、記憶にない。沖縄は台風一六号〝ナーリー〟がやってきて、仕事も学校も休みだった。沖縄の米軍基地は最高レベルの厳戒態勢に入り緊張したなか、まるで台風が沖縄を守っているかのような錯覚を覚えた。基地がある限り、沖縄もまた最前線の島であることを実感させられた。

それから二週後「ちゅらさん」は最終回を迎え、そのラストで平良とみ演じる〈オバァ〉は、画面からこう呼びかけた。『ちゅらさん』や恵里たちや沖縄のことを忘れないで下さいよー。みんなもチバリヨー」。この「沖縄のことを忘れないで」という一言は、当時の状況からすると、なかなか意味深である。

実際テロ直後、沖縄は観光客が激減した。沖縄県はその対策として平良とみを起用して

「だいじょうぶさぁ〜沖縄」キャンペーンを展開した。〈ウチナーヤマトグチ〉がこんな風に使われるというのも、ゼロ年代の沖縄的である。

ところで「ちゅらさん」のえりぃは、復帰の年の生まれである。ということは、そろそろ四〇歳だ。それって、ちょっとびっくりするなぁ。

●高い人気を誇る作品「ちゅらさん」の初回視聴率は関東地区で21・3％と当時歴代最低のスタートだったが、徐々に視聴率は伸び、最終的には平均22・2％、最高29・3％を記録。NHK沖縄放送局によると県内9月の視聴率は平均約30％だという。NHKが2003年に全国で行ったアンケートではもう一度見たい連続テレビ小説の第1位になり、ドラマもパート4まで制作されるなど人気を博した。

■2001年
2・6 在沖米軍四軍調整官による知事中傷メールが発覚
3・3 諸見里しのぶが女子ゴルフツアー最年少で決勝進出。宮里藍の記録を更新
5・11 ハンセン病訴訟で熊本地裁、らい予防法を違憲と判断
7・13 那覇市情報公開で国敗訴
9・16 モンゴル800アルバム「MESSAGE」を発売。インディーズながら280万枚を売り上げる
10・30 完全失業率が9・4％と発表。調査開始以来最悪を記録
11・1 第3回世界のウチナーンチュ大会開催（〜4日）

二〇〇二年　「美ら海水族館」オープン

最近のパソコン・ケータイで「ちゅらうみ」と打てば、普通に「美ら海」と変換してくれる。「美ら」と書いて「ちゅら」と読むのは、全国的に通用しているのだろうか。もちろん二〇〇一年のNHK朝ドラ「ちゅらさん」によって沖縄内流行語となった「ちゅら」が、「美ら」として定着したのは、翌年一一月一日にオープンした海洋博公園の「美ら海水族館」によるものだ。

〈世界一と世界初がここにある〉というキャッチフレーズで華々しくオープンした美ら海水族館は、国の復帰三〇周年事業の一環であった。

〈観光の『起爆剤』期待〉（『沖縄タイムス』、オープン当日経済面の見出し）と熱い視線が注がれていたのは、〇二年当時「9・11」テロの影響で観光客が減少した事もあるが、なによりその展示内容に絶対的な自信があったのだろう。

九〇年代前半の「琉球の風」周辺の沖縄ブームも、二〇〇〇年からの「ちゅらさん」の全国的な沖縄ブームにも、今ひとつ乗り切れていなかった海洋博公園が、アクアポリスというかつての切り札を捨て、旧水族館を閉じ、満を持して切ったロイヤルストレートフラッシュが、美ら海水族館なのだ。

最大の売りである「黒潮の海水槽」は、〈生きたサンゴのオープンシステムによる大規模生態展示〉で、ジンベエザメ、マンタの複数飼育による回遊の迫力は、県外の観光客の集客を飛躍的に増加させた。現在では、同じ国営公園である首里城を抜いて、県内観光施設として入園観客数一位となっている。

実際の沖縄の近海、イノー（礁池）環境は悪化して、サンゴが激減。自然の渚は次々と埋め立てられニュータウン化し、生き物の気配が薄い人工ビーチとあまり活用されない港湾が増えていく中で、世界最大級の水槽によって、亜熱帯の海の豊さが視覚化されたのは、ある意味時代の必然のような気がする。

ちなみにこの年は、稲嶺知事が圧倒的票差で再選し、政府と県・名護市は普天間飛行場代替として辺野古沖埋め立てで合意、さらに泡瀬干潟の埋め立て工事が着手されている。

視角化された沖縄の自然と文化

ぼくが初めて美ら海水族館に行ったのは、オープンの翌年の二月頃で、県外から旅行に来た妻の両親が、恩納村のリゾートホテルに宿泊するというので、ぼくら家族は、それに便乗したのだ。リゾートホテルに泊まり、美ら海水族館を見に行くという、普通の観光客としてベタな沖縄観光コースをまるごと体験したのは、生まれて初めてだった。

ホテルに着くと、ロビーのミニ・ステージで観光客を歓迎するための沖縄の歌と踊りがさっそく披露されていた。琉球舞踊の衣装をまとった女性二人が、古典舞踊、雑踊りに、唄三線・太鼓、そして三板のソロ演奏の上に、エイサーまでやっていた。二人でエイサーなんて、それまで見たことも聞いたこともなかったので、びっくりした。いやもう感心したね。最後は当然カチャーシーである。到着したばかりの観光客はあっけにとられながらも、両手を挙げてクネクネしていた。

ホテル内には泡盛と島唄ミニライブが味わえるバーもあって、どれどれと夜中のぞきにいった。かりゆしウェアにデニム姿の青年が、安里屋ユンタ、谷茶前、ビギンの「涙そうそう」「島人ぬ宝」、喜納昌吉「花」に、ザ・ブーム「島唄」を、ぽつりぽつりと演奏していた。演奏後、興味津々で話を聞いてみたら、誰に習っているというわけでもなく教本を

巨大アクリルパネルから迫ってくるジンベエザメ。館内のカフェから眺めてみた。美ら海水族館にて（2003,2　著者撮影）

見て歌っているのだという。なるほど、普通に上手くないはずだ。

よくテレビで沖縄を舞台にした二時間ドラマを見ていて、「こんなベタな沖縄ってないよなー」と思っていたのだが、ほとんど同じ光景が存在していたことに軽く驚いた。これもカルチャー・ショックというのだろうか。

翌日行った美ら海水族館はとても混んでいて、巨大なアクリルパネルの青く光る水槽をバックにした入園客らのシルエットが印象的だった。ようやく席が取れたカフェに座り、回遊してくるマンタや亀らと記念撮影を何度も試みた。なかなか面白い……。

沖縄県民は、美ら海水族館以降、再び、もしくはあらたに観光客化したといっていいだろう。ぼくは泳げないウチナーンチュなので、もちろんスキューバダイビングの体験もないし、またその気もないのだが、だからといってこの視覚化された「美ら海」が、沖縄の海の豊かさなのかどうかについては、ちょっと考え込んでしまった。世界一を誇る水槽は、まるで巨大なモニター画面のようで、このヴァーチャル・リアリティ的な空間を前にしては、ぼくも小さな観光客の一人に過ぎない。

ただ、いろんな色彩豊かな亜熱帯の魚を「キレイだねー」と眺めている県外観光客に交じって、「美味しそうだねー」と小さくつぶやいているウチナーンチュとおぼしき観光客があちこちにいたのに関しては、よしとしたいのであった。

■2002年

3・20　泡瀬地区の埋め立て事業着工
3・29　沖縄振興特別措置法が成立
4・1　合併で久米島町誕生
5・23　ダイエーが県内3店舗の閉鎖を発表。この年、計6店舗が閉店
7・29　普天間代替埋め立て・軍民共用空港で基本合意
8・21　オリオンビールとアサヒビールが包括的業務提携合意と正式発表
10・8　釜山アジア大会で宮里藍が日本勢初の金メダル
11・1　沖縄美ら海水族館オープン
11・17　歴史的圧勝で稲嶺知事が再選

二〇〇三年　「ゆいレール」発進

二〇〇三年、アメリカを中心とした多国籍軍がイラクに向けて本格的な軍事行動を起こす前日の夜のこと。ぼくは、子どもがお世話になっていた首里の城北学童クラブの話し合いに参加しての帰りに、儀保駅を通過するモノレールの車両を見かけた。八月の開業をひかえて試運転をしているモノレール車両とは、昼間何度かすれ違ったことはあったが、夜、車内の照明を付けたモノレールを見るのは初めてだった。

思っていたより小さい二両編成の車両は、もちろん乗客は一人もおらず、おもちゃ箱から出てきた電車のようだった。車の中からその姿を見ているぼくも、おもちゃの街で生活している、おもちゃの兵隊のような気分にさせられた。

発売されたばかりの伊波緑のアルバム「drive」を聴きながら見た夜のモノレールの姿は、イラク戦争の始まりを告げる光景として、今もずっと焼き付いたままだ。地球のあちら側で、アメリカが、また戦争を始めてしまった。

モノレールの工事が始まった頃、ぼくは首里の儀保十字路近くに住んでいた。一九九八年頃、うちの近所もそうだが、那覇のあちこちに巨大なオブジェのようなレールを支える土台が姿を現した時、ぼくはこんなことを書いている。

〈モノレールの土台が架橋される時、那覇に巨大な龍の姿が出現するわけだが、その龍の向かう先にどんな未来が待っているのか、まだ誰にも分からない〉

モノレールの路線がくねりながら那覇の街を通り抜けていくその様を、風水思想の根幹であり、首里王朝の象徴である龍の姿に重ねてみたのだ。那覇にモノレール構想が立ち上がってから二〇年は経っていただろう。天久開放地の開発とともに、モノレールの登場によって、那覇の都市景観が大きく変わるのを、ひしひしと感じていたのだ。

二〇〇三年八月一〇日の朝、首里駅から、首里赤田のミルク神に見送られて、「ゆいレール」は発進した。毎年夏休みに沖縄に遊びに来ていた県外の友達家族が、さっそく空港から乗ってきたと、初日の朝やってきたのにはびっくりしたが、夜、さっそく乗客が手でドアを引き戻そうとしてしまい一時故障して運休した件に関しては、やっぱりと、さほど

首里赤田町の「ミルク」や関係者に見送られ、首里駅から出発する「ゆいレール」始発便（2003.8.10）

驚かなかった。

しばらくしてぼくも、ゆいレールに儀保駅から乗ってみた。〈切符を買ってプラットホームへ上がると、見慣れたはずの首里の町並みが、知らない街のようで新鮮な、ちょっと心寂しいような感じ〉と、当時ボーダーインクのサイトにあった「道ゆらり」なる身辺雑記に書いている。

〈那覇から首里に降りていく……。まさにそんな感じで、モノレールは街の背中をなぞっていく。モノレールの車内はほとんどナイチっぽい雰囲気のはずなのだが、乗っている人の顔つきが「こゆくて、あつい」のが、とても可笑しいのである。電車＝ヤマトというイメージがあるのだ。県庁前駅で降りて、久茂地の繁華街に向かう。ここはいったどこなの感覚のママ、ふらりと歩く。多分す

ぐになれてしまうことだろう〉
　当初、車両入口付近にかたまって立っていた沖縄の乗客も、次第に電車マナーを身につけるようになり、ぼくもしばらくすると、その存在と雰囲気に慣れてしまった。首里に住んでいる人間にとっては、ゆいレールはなかなか便利なものだった。

沖縄の風景を見つめる視点

　モノレールは、慢性化した那覇市内の交通渋滞の緩和や商店街の活性化の役割を担うものと期待されていた。しかし那覇の変貌のスピードは、モノレール構想がスタートした三〇年以上も前、つまり復帰後のころとずいぶん違ったようだ。モノレールが街を走る光景は、確かにあの頃の未来だった。もしかしたら「本土並み」のひとつだったかもしれない。でも駅を中心とした交通網の広がりや、商店街の形成・発展というのは、なかなか難しいみたいだ。

　それでもゆいレールは、沖縄の風景を見つめるための、貴重な視点を提供している。首里駅から那覇へと降りながら、街の変貌のグラデーションを目の当たりにする。こうした俯瞰する視点は、ゆいレールが登場するまでなかったものだ。「沖縄らしさ」を考える時、以前は「これが沖縄だ」とか「これも沖縄か」などと、一つ一つ腑分けしていた。でも現在「沖縄らしさ」を考えることは、そのグラデーションの一部を見つめるのではなく、流れゆく風景を全体像として、俯瞰することだろう。

この頃、ゆいレールに乗って、黄昏れる那覇の街、夕日沈む慶良間諸島を見る時、ぼくは「沖縄らしさ」の儚さを思うようになった。

■2003年
1・28　男性の平均寿命全国26位に急落で緊急アピール
3・4　違法献金事件で宜野湾市長逮捕
4・11　大学院大学の建設予定地が恩納村に決定
7・5　死体遺棄で中3少年ら3人逮捕
8・10　構想から32年、ゆいレール開業
8・31　沖縄市内の資材置き場でロケット弾の取り扱いを誤った自衛官爆死
9・11　台風14号、40年ぶりの記録的な勢力で宮古に猛威
9・28　18歳の宮里藍、史上最年少でプロツアー優勝
11・9　衆院選で県内から最多の7人当選

二〇〇四年　沖国大に米軍ヘリ墜落

「なんか米軍のヘリが墜ちたらしいけど、どうなってる?」

その日、普通に那覇の事務所で仕事をしていたぼくは、お盆で九州に里帰りしている妻からの電話で、その事件を知った。テレビで速報が流れているという。慌ててテレビをつけると、なるほど、米軍のヘリが墜落したというテロップが映し出されていた。まだ詳しいことはよく分からない。すると同僚のKさんが、こういう時は巨大インターネット掲示板の「2ちゃんねる」が早いかもと、アクセスしたら、既にスレッドが立っていて、生々しい情報が書き込まれていた。本当に墜ちたんだ……。その日は八月一三日の金曜日、ヤマトではお盆にあたり、さらにアテネオリンピック開幕の日でもあった。

「本館に接触、炎上　普天間所属乗員三人重軽傷」の見出しの沖縄タイムス号外も、しばらくしてどこからか手に入れていた、と思う（ちなみに沖国大のホームページにはこの事故に関するアーカイブスが整理されており、墜落直後の映像も見ることができた）。

これは今でも語りぐさになっているが、翌日のある本土紙の一面は、「巨人の渡辺恒雄オーナー辞任」だった。また当時国民に大人気の小泉純一郎総理大臣は、休暇中を理由に、この件で会見を求めた稲嶺県知事に会わなかった。

確かに、幸いにも事故による死者は出ていなかったが、沖縄の米軍基地問題に対する温度差がこれほどまでかと認識するのには十分だった。

前年来沖し県内の米軍基地を視察したラムズフェルド米国防相は普天間基地のことを、「こんなところで事故が起きないのが不思議だ」「もっとも危険な基地である」と発言したという。これは今にしてみれば、たちの悪い予言のようだ。

ヘリ墜落の翌日の夜、中部に用事のあったぼくは、那覇への帰りを寄り道して、車を沖国大近くへ走らせてみた。事件直後から米軍が現場を封鎖していたが、その横の道路は、交通規制はされていたものの通れたのだ。墜落したヘリによって、黒く巨大な爪痕のような傷を残していた大学一号館の壁が、夜の闇に浮かびあがって見えたという記憶があるのだが、果たしてどうだったのだろうか。

死者は出なかったのだが、それは本当に奇跡的なことであることは、その後の報道によ

米軍ヘリが墜落した沖縄国際大学。真っ黒な傷跡を残したキャンパス。
後方に普天間飛行場（2004.8.13）

って明らかになる。広範囲に飛び散った破片のひとつは、事故直前まで幼い子どもが寝ていた部屋を直撃していた。とっさの判断で子どもを抱きかかえて飛び出したという母親の行動は、強く印象に残った。

〈ヘリが墜落した時、私は、事故現場のすぐ近くにいた。墜落地点がもう少しずれていたら、私は死んでいた。…（中略）……そして私は、「死にかけた」という実感を感じた。これまで何度か「死にたい」と思うようなことはあったが、誰かに「殺された」という感覚は初めてであった。だが沸き上がってきたのは、恐怖よりも、怒りだった〉（松永朋哉「……ほんのすこしの行動でも」『Wander』三七号　二〇〇五年）

若い表現者たちに衝撃

事件の翌月、沖国大グラウンドで抗議集会が開かれ、一九九五年のあの県民集会以来の大規模なものとなった。ぼくは、その日那覇の前島アートセンターで行われていた山城知佳子の「OKINAWA TOURIST」関連イベントのトークセッション「沖縄イメージ再発見のたび」に参加しなければならず、途中で抜け出したのだが、前島アートセンターに行ってみると、参加者の多くは抗議集会に参加した後にやってきたようだった。

この事件に抗議の意をこめて、DUTY FREE SHOPP.とカクマクシャカは「民のドミノ」という楽曲を共同制作し、ネットで発表している。

さらに四か月後、再び沖国大グランドで、学生や大学職員を中心として、これまでのいわゆる政治運動的なイデオロギーやスローガンを全面に出すのではなく、「芸能や音楽の力で心をひとつにしよう」という方針で企画された「NO FLY ZONEコンサート」が開かれた。なんといってもメンバーが同大学出身で、大ブレークしたモンゴル800が参加するからだろうか、学生たちが運営する会場は、妙にロックフェス仕立てとなり、観客席は子ども連れのブロック、立ち上がってはいけないブロック、盛り上がってもOK（？）ブロック、という具合にエリア分けされていた。

シュプレヒコールや旗やのぼりを禁止したからといって、自由な雰囲気で楽しめるものではないのだなぁと、家族連れで参加したぼくは、多少とまどいながら見ていた。

その中で覚えているのは、ミャークフツシンガー下地勇が、日本語で歌ったオリジナル「ガレキに咲く花」だ。生まれる場所を選べない花は、ただ静かにその場所に根をはり咲いて散っていくだけだけど、せめて誰かその姿を見ていてほしいという歌詞は、何故かしら、湾岸戦争で死んでいった多くの子どもたちの姿とあの一号館の黒い傷跡に重なった。

翌二〇〇五年夏、沖縄のお笑い集団「フリー・エンジョイ・カンパニー」（FEC）は、この事件にインスパイアされたという「お笑い米軍基地」を初公演し、県内外に大きな反響を巻き起こすことになる。

一号館は解体され新しく立て替えられ、あの黒い傷跡は無くなったけれども、新しい世代の表現者たちにとってこの事件は、決して消えない痕跡を残したようだった。

●松永朋哉　1982年那覇市生まれ。詩人。2003年に第26回山之口貘賞受賞。ヘリ事故当時、沖国大の学生だった。

●山城知佳子　1976年那覇市生まれ。アート映像作家。ビデオ作品に「沈む声、赤い息」など。

●DUTY FREE SHOPP.　アーティスト、知花竜海（1980年読谷村生まれ）を中心としたコラボレーション・プロジェクト。

●カクマクシャカ　1981年具志川市（現うるま市）生まれ。ハードコアパンクバンド「武士道魂」や「角膜釈迦」を経て、現在のアーティスト名で活動。

●モンゴル800　上江洌清作（1981年那覇市生まれ）らが高校在学中に結成。2001年発売のアルバム「メッセージ」は、インディーズ空前絶後の売上となった。

●下地勇　1969年平良市（現宮古島市）生まれ。オリジナル曲のほとんどを、出身地宮古島の言葉（ミャークフツ）で歌う。著書に『下地勇／心のうた』。

●「お笑い米軍基地」　演劇集団FECが企画・脚本・演出を手掛ける舞台。2005年の初演以来絶大な支持を受けDVDも発売され巻を重ねている。

■2004年

1・18　国立劇場おきなわ開場

6・26　宮里美香が日本女子アマを大会史上最年少で制す。この年、プロ1年目の宮里藍が10代で初の賞金1億円突破など活躍

8・13　沖国大に米軍ヘリ墜落、炎上

8・17　宮古農林高校環境班が「水のノーベル賞」をアジアで初の受賞

9・9　辺野古沖でボーリング調査着手

12・4　20年ぶりに12月の台風接近。この年、台風接近が15個と最多記録

■2005年

4・1　4市町が合併、うるま市が誕生。10月には宮古島市も

7・15　城間徳太郎が人間国宝に認定

10・13　アスベスト被害で県内初の労災申請

10・26　高校男子ハンドボールで興南が選抜、総体、国体の全国3冠を達成

10・29　在日米軍再編で日米合意。普天間移設先は辺野古沖案から沿岸案に

12・4　宮里藍が米ツアー最終予選会をトップ通過。米国本格参戦へ

二〇〇七年　教科書検定撤回9・29県民大会

何度この広場に来たことだろうかと思い出そうとしたが、同じような光景が記憶の中で重なり合い、ほんの少し目眩する。なぜいつもあんなに、いい天気だったんだろう……。

一九九五年一〇月の県民集会以降、ぼくら三人、ぼくと妻と娘は一緒に、様々な怒りと戸惑いを携えて（要するにワジワジーして）、何度か宜野湾の海浜公園を目指した。とにかく家族そろって行くことに、なにかしらの意義があるに違いないのだ。

くしくも「第九回　沖縄県産本フェア」の初日でもあったその日、午前中ちらりとフェア会場に顔を出して、いつものように交通渋滞をさけるため、早めに首里を出て、コンベンションの近所に住んでいる友達のところに駐車させてもらい、大会会場へと向かった。

少しずつ人の流れが増し、やがてその波は大きな潮だまりのような芝生の広場へと続く。人々が創り出した海原は、やはりいつものように、静かな表面張力を保っていた。

沖縄戦における住民の、いわゆる「集団自決」に関して、高校の日本史の教科書で「日本軍の強制」を示す記述が削除されたことに抗議し検定意見の撤回を要求する県民集会は、またしても「復帰後最大規模」と言われた。

今回この原稿を書くためにパソコン内のデータを探していたら、「07県民大会」というフォルダの中に、集会が終わったあと、娘が友達と一緒に会場のゴミを拾っている写真を見つけた。まだこんなに幼かったんだなぁと、つい感慨にふけってしまった。そういえば思いの外、子ども連れや高校生や大学生の姿が目立っていたのは、若い世代も「沖縄戦」に関する歴史が、ごまかされようとしていることに、ストレートな憤りを感じていたからだろう。

譲れない沖縄戦の記憶

その頃、普天間基地移設に関して、様々な立場の下、ねじれにねじれていた沖縄県民の思惑だが、「沖縄戦」という絶対的な根っこを引き抜かれることに対しては、やはりほぼ一致団結できることに、微かな安堵感があった。そしてぼくはこう思った。

〈同じ時代に、同じ島に生きている人たち……沖縄戦という歴史を考えるにつれ、ぼくた

沖縄タイムス
11万人結集 抗議
島ぐるみ「史実守る」
検定撤回求め決議
復帰後最大規模
検定見直し国会決議も
犠牲者と、苦しんだ人々と、共に立ち 誓う

9.29 県民大会を報じた沖縄タイムス紙面。1 面と最終面を見開きにした特別紙面

ちがこの島に生きて生活しているということの不思議さ、そこにぼくたちがいることの意味を問い直す、（県民大会会場は）そんな場所だったかもしれない、と思う。そこに来れなかった人、来なかった人、今なお語れない人たちの思いも含めて。〉（「御万人の力」『世界』二〇〇七年一二月号）

〈十一万人のひとりとして、改めて思うのは……、例えばあれだけの人数それ以上の人が三か月そこらで、このシマで殺されたということだ。〉（ブログ「うっちん党宣言」より）

大会では、県知事から高校生、子ども会や青年代表など、老若男女さまざまな立場のうちなーんちゅが壇上に立ち、それぞれの思いを語った。その中で「集団自決」体験者として語った渡嘉敷村

の吉川嘉勝さんの話を聞きながら、同じく渡嘉敷の集団自決の生き残りであるぼくの母親が、昔からずっと語ってきた光景が脳裏をかすめた。

吉川さんたち家族は、自決用の手榴弾が爆発する山中で、母親の「生ちかりるーうぇーかは、生ちちゅしやさ（生きられる間は生きよう）」という叫びがきっかけで生き残った、という。

同じ自決場で、まだ小学生だった母は、せめての死に装束として正月着物を羽織らされて、うっすらと口紅をさしたという。「天国に行って学校に行きなさいね」という親戚の一言に、「死んでから学校があるかっ」と、子どもながらも怒って叫んだという。

そんな一言が、生死を分けることがある。あの広場にいた多くのうちなーんちゅたちは、ぼくをふくめ、そうした一言の積み重ねの証なのだろう。

大会から数か月後、沖縄戦の取材をしていた知り合いの記者の方から、メールをもらった。座間味村慶留間島の集団自決の取材をしていたら、ぼくの父の名前がよく出てくると。父は亡くなって二〇年以上たっているのだが、戦争当時中学生だった父も、また島で集団自決の現場にいた、まさに当事者なのである。

しかし生前、父からそのことについて、ほとんど聞いたことはなかったのだが、メールにはこうあった。「お父さんの写真が、沖縄戦の写真集に載っているらしいよ」。それは知らなかった。その写真を確かめてみると、捕虜になるために山から投降する島のお年寄りたちを支えている中学生だった父の姿がそこにあった。なんとなく面影がある気もするけれど。その写真を眺めて、またいろいろ想像してみた。〝集団自決〟を目の当たりにした少年の心情を……。

それにしても、沖縄と教科書を巡るいざこざは、いつまで続くのだろうか。

●沖縄戦における…県民集会　正式名称は「教科書検定意見撤回を求める県民大会」で、2007年9月29日に宜野湾海浜公園で開かれ、主催者発表で11万人、宮古、八重山も含めると11万6千人が参加した。復帰後最大規模の集会で代表団による再三の要請にもかかわらず、検定意見の撤回と日本軍強制の記述回復という決議は、いまだ実現していない。

■2006年

3・29 公正取引委員会が建設業者152社に談合排除の措置命令

4・23 沖縄市長選で東門美津子当選。県内初の女性市長誕生

5・2 米軍再編で最終報告発表

6・10 記録的豪雨で中城村など土砂崩れ。その後那覇市首里でも

7・23 知花くららがミス・ユニバースで2位に

10・20 新石垣空港の本格的工事が始まる

11・19 県知事選。仲井真弘多が新知事に

■2007年

5・11 辺野古海域の現況調査で自衛隊の掃海母艦が派遣される

6・21 那覇市の指摘で国保交付金算定ミス発覚。全国に波及へ

9・29 「集団自決」の検定撤回を求め11万人規模の県民大会

10・24 全国学力テストで沖縄が最下位に

10・26 教員採用試験で採点ミス発覚

11・1 県立博物館・美術館が開館

12・5 泡瀬埋め立てで沖縄市長が「縮小」の決断下す

二〇一〇年　興南高校野球部、春夏連覇

〈沖縄中が家族になったような感じだった。最近、沖縄は社会的、政治的にいろいろ厳しい状態が続いているが、そういうことを全て忘れて、みんなが同じ夢を共有した感じだった〉と、ぼくは思わず語ってしまった。

興南高校野球部が甲子園で春夏連覇を成し遂げてから四日後、つまりその年の旧盆のウークイも終わってから行われた、沖縄タイムスが企画した「興南高校春夏連覇を語る」座談会での発言だ。

座談会のメンバーは、時の人となった我喜屋優監督に、あの裁監督と同期で県高野連元理事長の安里嗣則沖国大監督と、沖尚の投手として沖縄県に初の甲子園優勝をもたらし、さらに同高校監督として再び選抜優勝をした比嘉公也監督、そしてなぜかいち県民代表(?)ということで、ぼくが出席することになった。こう見えても硬式野球の経験はないし、

甲子園球場で応援ツアーに駆け込んだ衝動もないが、甲子園で沖縄の高校が活躍し始めると、仕事の手を当たり前のように止め、準決勝あたりからは、どこでテレビ観戦すると盛り上がるかと思案するという、つまり「あなたに似た沖縄人」である。

沖水の二年連続準優勝のあの夏や、沖尚の選抜初優勝のあの春の時には、平和通りの人混みへ足を向けていたのだが、この時は興南高校の体育館で応援することにした。

一九九九年一度目の沖尚野球部の選抜優勝は「県民の悲願」の達成であった。二〇〇八年の二度目の沖尚の選抜優勝は「県民の御願」の結果のように感じた。

しかしこの年の春にすでに選抜優勝した興南野球部の強さは、先制逃げ切りの快勝もあれば、大逆転もあるという、試合展開そのものを楽しめる、それまでの沖縄にないタイプのもの、夢を叶えてくれる予感に充ち満ちた強さだった。

共有された「夢」

首里からモノレールに乗って興南高校へ向かう時には、決勝戦はすでに始まっていた。古島駅で焦り気味に降りると、道路は嘘のように静かで、車の流れは途切れて、通りに人の気配はなかった。

春夏連覇を決めマウンドで抱き合い喜ぶ興南高校の選手たち。「君たちはえらい」(2010.8.21)

ワンセグで試合を確認しながら、ヒートアップしている体育館での応援に備えて、水分補給のペットボトルを買おうとしたが、学校周辺に疎かったぼくは、しばらく自動販売機を探してうろうろと、白昼夢の如くさまよってしまった。

ようやくたどり着いた体育館は、まだ両チームとも点が入ってない状態だったが、すごい雰囲気だった。在校生の応援はもちろんだが、老若男女、様々な世代の沖縄県民が集まっていた。どこかしらいつかの日の県民大会に似てるような気もするが、熱気はこちらの方が上かもしれない。

そして四回裏、興南高校のビッグイニング、一挙七点を挙げ、試合は沖縄県民にとってドリームタイムとなった。優勝が決まった瞬間、体育館は甲子園アルプススタンドと地続きのような騒ぎになった。たぶん沖縄県民が集っていたどこもかしこも、同じような状態だったに違いない。

〈沖縄の人みんなから「おめでとう」「感謝している」という言葉がすっと出るような優勝だった〉と座談会でぼくは我喜屋監督に伝えた。

それから数日後、古いお墓跡を整理して土地の造成が進む浦添市前田の高台あたりを車で通ったら「祝　興南高校おめでとう　君たちはえらい」という、多分、工事会社の人たちが掲げたであろう横断幕を見かけた。二〇一〇年の夏、沖縄中が、その幸福な余韻に浸っていたのだ。

高校野球を語ることは、沖縄にとってひとつの文化であり、同じ物語を共有することだった。復帰前だと、首里高野球部の「まぼろしの甲子園の土」、「興南旋風」初のベスト4。ぼくらの世代では、なんといっても復帰後の一九七五年、春の選抜で快進撃を続けた豊見城高校が東海大相模に九回裏ツーアウトランナー無しから逆転負けをした試合である。一塁後方にあがったファールボールを落球した瞬間の映像は、ぼくらの世代にとって忘れられない記憶であり、共通のトラウマだった。沖水の二年連続準優勝の時もそうだが、どうやら負けた時の方が記憶が鮮明なのである。どうしても勝てなかった頃、高校野球は、沖縄県民にとって、ネバー・エンディング・ストーリーだったのだ。

それ比べると、たった二年前のことなのに、興南の春夏連覇の記憶は、やっぱり夢を見ていたかのように、今もふわふわとしている。

ひとつの物語が完結した今、ぼくたちは、再びどんな夢を共有できるのだろう。

●まぼろしの甲子園の土　沖縄県勢初の甲子園は1958年の第40回大会記念で出場した首里高校。そのときに持ち帰った甲子園の土は検疫を理由に海に捨てられた。その後球場周辺の石が同校に寄贈され、現在も「友愛の碑」とのモニュメントとして飾られている。

●興南旋風　1968年に出場したのは興南高校。それまで県勢は春夏通じて1勝しかあげていなかったが、同校は4勝しベスト4に進出。「県人会は嬉し泣き／沖縄劣等感吹き飛ばす」（『沖縄タイムス』の見出し）など大きな反響を呼び、歴史的な活躍となった。

●豊見城高校　県勢で強豪校と最初に目されたのは1975年春から78年夏までの8季中7度出場、夏は3年連続ベスト8に進出した豊見城高校。後にプロ入りする赤嶺賢勇、石嶺和彦らが活躍した。

■2009年

1・14 糸満市で不発弾事故
7・26 宮里藍米ツアー初優勝
8・15 新型インフルで国内初の死亡例
8・30 衆院選。自民党全議席失う
9・2 琉球舞踊が国の重要無形文化財に指定される
11・17 同級生による集団暴行で中学2年生死亡
12・15 普天間飛行場の新しい移設先を模索する政府方針決定

■2010年

2・27 99年ぶりに震度5相当の地震
4・25 県内移設反対、国外・県外を求め県民大会。約9万人参加
5・28 普天間問題で移設先を再び名護市辺野古とする日米合意発表
7・28 美ら島沖縄総体開幕（〜8・20）
8・21 興南高校が甲子園春夏連覇。史上6校目
9・7 尖閣諸島の領海内で中国漁船衝突
11・16 組踊、ユネスコ無形遺産に登録

二〇一二年　オスプレイ配備

この頃、ねじれにねじれた普天間飛行場移設問題は、気が付くと、沖縄県内の政治状況的に言えば「オール沖縄」で、「県外移設」の方向でまとまっていた。いわゆる保革を超えてまとまったのは、復帰後初めての事ではないだろうか。自民党の沖縄選出議員たちも「県外移設」を打ち出していたのは、記憶に新しい、と言っておこう。

しかしそうした沖縄の声を無視する格好で、米軍と日本政府は、沖縄の米軍基地にオスプレイ配備を決定。米軍の様々な墜落事故の記憶を生々しく持っている沖縄県民は、「空飛ぶ未亡人製造機」と異名を持つオスプレイが配備されることに対して、イデオロギーを超える形で、オール沖縄的な抗議行動となっていった。

この年の夏は週末ごとに台風が相次ぎ、大型の野外イベントが延期や中止となったが、「オスプレイ配備に反対する沖縄県民大会」もそのあおりをくって延期となった(八月五日)。

ちなみに安室奈美恵二〇周年アニバーサリーコンサートも中止となっている（九月一六日）。あきらめきれないファンたちが、当日雨の中、国際通りのレコード屋の安室奈美恵の大型ポスターの前で記念撮影をしている姿をフェイスブックで見つけた。国内はもとより台湾や東南アジアからもファンが集結し、デビュー記念日に行なう特別なコンサートになるはずだったのだが、幻に終わってしまったのは残念だった。予定されていた会場は、宜野湾海浜公園特設野外会場であった。

一方「オスプレイ配備に反対する沖縄県民大会」は、延期から一か月後の九月九日に、同じ宜野湾海浜公園で行なわれた。ぼくはいつものように、夫婦で参加した。そして大会が終了すると、翌日、沖縄タイムスへ掲載する原稿を書くために事務所に一人だけ戻った。こんな感じである。

＊＊＊

少しクラっとした。一九九五年以降、何度も県民大会に参加してきたが、今回の暑さはまた別格のように感じられた。

八月に予定されていたが、台風のための延期された「オスプレイ配備に反対する沖縄県民大会」は、旧盆を終えて秋の気配も感じられるようになる九月、しかも午前中開催ということもあって、暑さも和らぐかと思ったら、まったく逆だった。しかしこの暑さがせめて大会全体の熱気となれば、いいのだが。

会場に向かう車の中から、あちらこちらで老若男女、シンボルカラーの赤を身につけた参加者の姿を見かけた。妻や友人たちと「〝赤い人〟がたくさんいる」と、感心しながら会場に着く（今大会のシンボルカラーが赤だったのだ）。午前中開催ということで間に合わない県民がたくさんいたらと心配していたのだが、大丈夫のようだった。我々は悲しいくらい、この場所での抗議大会に慣れてしまった。抗議大会は時間通りというのが、新ウチナータイムなのだ。やればできる。

低く流れる白い雲は太陽を全く隠してくれず、目に痛いくらいな青空に、配られた赤い風船がいくつもいくつも飛び去っていく。いつもの報道ヘリコプターの騒音に振り返ると、薄い雲のように、欠けた月が浮かんでいた。

大会代表者の挨拶が次々となされる中、会場のやや後方で、ぼくは遠くのステージに耳を傾けていた。座っていると会場全体でどのくらいの人が集まっているのか、よく分からない。そろそろ野外フェスのように大型スクリーンを設置してもいいのかもしれない……などと思っていたら、前に座っていたひとりのおばあさんが無言で、ぼくに塩アメを差し出す。みんなに回しなさいということらしい。ありがたく頂く。

一ヶ月ほどの仕切り直しの間に、国会は様々な問題を棚上げしたまま政局に、アメリカは本格的な大統領選挙に突入した。沖縄からの声に、これまでのところ決して耳を傾けない日米両政府に対して、この炎天下での集会が、どのような影響があるのかわからない。それでもオスプレイを配備させない、という思いを、沖縄県民の多くが共有していることだけは、伝えないといけないだろう。

しかしそもそもオスプレイ配備が問題ではない。沖縄に存在する米軍基地の長期にわたる固定化そのものが問題なのだ。ましてや名護市辺野古の代替基地案や、東村高江地区へのヘリパット建設などもっての他だと、この大会においても、もっともっと強く宣言して欲しかった。一番の盛り上がりが、知事メッセージ朗読へのブーイングじゃ悲しすぎる。

大会終了後、会場を後にする我々に向かって、高江の現状を静かに訴える人たちの姿が印象的だった。

こうした集会はいろんな人たちの思いを体感する場としても大切なものだ。最近読んだ

『平和のための名言集』という本に収録されている岡部伊都子さんの言葉を思い出した。〈武器なき民衆には何の力もないように思われますけど、決して、そうではない、「署名する、歩く、座り込む、また集まるのも力」。〉

（『沖縄タイムス』二〇一二年九月九日）

＊＊＊

しかしその思いをあざ笑うかのように、翌月の一〇月一日、これまた台風のため予定より二、三日遅れて、オスプレイは山口県の岩国基地から米軍普天間飛行場へ飛来してきた。その日、ぼくは自分でも意外なほど気が重くなった。直接その飛来する姿を見ていなくても、日米政府が沖縄をどのように考えているのかが、あからさまな姿で見せつけられたからだ。フェイスブックではその日、沖縄各地で撮られた飛来するオスプレイの様子が次々とアップされていた。配備されたオスプレイは、その後、普天間飛行場周辺だけでなく沖縄本島域全域で目撃されるようになる。その振動音は独特で、それだけで十分暴力的なのだった。浦添にある、知り合いのブックカフェ「Bookish」では、夜、窓越しにオスプレイが飛行する姿を何度も見たという。店のカップが振動するほど、その距離は近かったそうだ。確かに不気味な話だ。

　これが復帰四〇年の年に、アメリカと日本が沖縄に対して行なったことだった。

＊この項目は、二〇一二年三月連載終了後、今回加えました。

■2012年

8・19　宮里美香が米ツアー初優勝。日本人最年少
9・9　オスプレイ配備反対で県民大会
10・1　オスプレイ強硬配備始まる（〜6日、計12機）
10・19　南城市のサキタリ洞遺跡で、約1万2千年前の人骨・石器が発見されたと発表。同時発掘では最古の事例
12・16　衆院選で自民圧勝

■2013年

1・27　「建白書」携え、復帰後最大の上京要請となる「東京行動」展開（〜28日）
3・7　南ぬ島石垣空港が開港
4・28　政府式典に抗議し「屈辱の日」沖縄大会開催
11・21　サキタリ洞遺跡から県内最古（約8千年前）の土器出土と発表。12月には白保竿根田原洞穴遺跡の人骨が国内最古を更新（約2万6千年前）
12・27　仲井真知事が辺野古沖の埋め立て申請を承認

エピローグ　〈復帰後〉四〇年間をふりかえった

二〇一一年三月、東日本を大地震・津波が襲った日から二日後、ぼくは、この連載の締め切りのために、具志堅用高が沖縄で負けた日のことを思い出していた。大災害の直後に、「具志堅用高とは沖縄にとってなんだったのか」ということを考えるのは、とても奇妙な体験だった。

情報を遮断して原稿を書こうしたがどうしても無理で（当たり前だ）、街に出て募金したり、東北の出版社の本を個人的支援のために買ってみたりした。津波の影響で、宮古島の養殖もずくが被害を受けたというニュースを知り、遠く離れているようで、海は確かに繋がっているのだなぁと思ったり……。

一年後の今、沖縄には多くの方が地震、原発事故の影響で避難してきている。ゼロ年代の沖縄ブームの中でもてはやされた「沖縄移住」だが、この現状は、多分「沖縄疎開」と言っていいのかもしれない。海と海、人と人で繋がっている沖縄とヤマトだが、「原発と米軍基地」問題で、あらたな接点を見出すとは、「最低でも県外」の個人的（？）公約が守れなかった鳩山首相が辞任した二〇一〇年六月には思いもよらなかった。

「物語」として熟成されてきた復帰後の記憶

さて沖縄の日本復帰四〇年ということで、さまざまな社会的出来事を、あくまでも個人的な記憶を軸に「復帰後史」を振り返ってきたこの連載も、ようやく現在にたどり着いた。

復帰からの四〇年間を一〇年ごとに分けると、ぼくはそれぞれの区分で、一〇代、二〇代、三〇代、そして四〇代と重なっている。〈思い出はモノクロームで蘇る。〃あの頃〃を思い出そうとすると、確かにそんな感じがする〉と、連載を始めた時に書いたのだが、復帰一〇年を過ぎた八〇年代頃からは、色あせたカラー写真のように、九〇年代以降は、まるで昨日見たテレビのように映像が浮かんできた。

でも不思議なことに、最近の出来事より、昔のこと、特に復帰から一〇年間のことが実感を伴って思い出すのである。逆にここ数年のことは思い出、つまり「物語」として熟成していないのだろう、まだふわふわとした感触でしかない。この現象は、たんにぼくが歳を取った、ということかもしれないが、記憶は、時の重みを受け発酵熟成して物語となり、やがて時代のフォークロアとして共有されるのだろう。

九〇年代から、ぼくは定点観測的な意味合いを含めて、沖縄に関するコラムを意識的にたくさん書いて、まとめてきた。今回の連載に際してそれが非常に役立ったのだが、二〇代、三〇代の自分と出会うのは、微かな苦痛を伴ったりもした。でも若気の至り的発言は、しないよりは、やった方がいいに決まっている。二〇年経てば、それは立派な時代的史料になるのだ。

二〇〇〇年以降は、主な出来事のほとんどがインターネットで、映像として検索できるようになっている。またサイトやブログによって、個人の想い出もデジタル情報として、既に共有されている。時の流れに熟成されることなく、記憶の断片が、すごい速度で駆けめぐっている。ぼくも、サイトやブログ、SNS、ツイッターなどで自分の記憶をかき集めていた。

記憶でさえも片っ端から消費されていく時代の中で、紡ぎ出される時代のフォークロアも、質的な変化を起こしているのかもしれない。

ところで、開南バス停近くにあるぼくの実家は、今年、道路拡張工事のため立ち退きになる。復帰の年に建てられたから、家は築四〇年ということになる。建物はだいぶガタがきていて、今年解体されるのを、静かに待っている。復帰から四〇年を辿ってきた連載の最後の締めとしては、できすぎかもしれない。

復帰の日、ぼくはこのコンクリートブロック瓦葺き二階建ての小さな家で、雨の音を聴いていた。狭い階段を上がると、光を入れるための二階の小窓からは、傍の開南のバス通りや、少し遠くに山形屋など、国際通り沿いのビルも見えたけれど、四〇年たった今、塀に面した隣のガジマルの枝が茂って見通しは悪くなった。要するに、遠くも近くも、よく見えない。

まるで現在の沖縄のようだと思うのは、この一年間「沖縄〈復帰後〉史」を考え続けていたせいだろう。でも途方に暮れているのは、本当のことだ。

日本復帰の時、ぼくは小学校四年生だった。

那覇市開南バス停近くにあった筆者の実家。樹木の後にあるセメント瓦屋。2012 年道路拡張で立ち退き。今はもうない

付録《シーブン》プラス＋

〈復帰後〉史は続くよ、どこまでも？

二〇一四～二〇二〇年

この本の初版は二〇一四年一月に刊行した。その時の〈あとがき〉はこんな感じだった。

二〇一四年のあとがき

復帰四〇年を節目として、復帰後の沖縄を個人的に振り返った本書に、あとがきはいらないだろうと思っていました。

しかし二〇一三年一二月二五日、仲井真弘多沖縄県知事は安倍晋三総理大臣との会談の後に、それまで「県内移設は無理」として普天間飛行場の県外移設を打ち出していた姿勢を一変させる形で、辺野古沖合の埋め立て申請を承認するという、沖縄復帰後史的に見ても大変大きな事が起こりました。

一一月に自民党の沖縄選出国会議員が全員、辺野古案を推進する立場に転び、記者会見で全員が雁首並べてうっちんとーしている姿を見てから（その哀れな様子は「沖縄処分」という言葉すら思い浮かんだ）イヤな予感がありましたが、あまりといえばあまりの、仲井真弘多知事の転がりように、愕然としてしまいました。「有史以来の予算」「いい正月になる」そして「ハバ・ハッピー・ニューイヤー」という、たがが外れたような発言は、同じ頃沖縄県庁を取り巻いて辺野古埋め立てを承認しないように後押ししていた動きとの、あまりの温度差に頭と心がキーンとしました。

二〇一二年から二〇一三年にかけて、オスプレイ配備撤回、新基地建設反対への動きは、復帰後、多分初めてであろう「オール沖縄」としてまとまりをみせていました。一三年一月、三八市町村長と四一市町村議会議長、そして二九人の県議が東京へ赴き、抗議要請文を「建白書」として国に渡します。その後の日比谷野外音楽堂での抗議集会とデモの様子は、中央のマスコミでは大きく取り上げられませんでしたが、画期的なものでした。それがわずか一年たたずして、国のあからさまな予算案の提示に「一四〇万県民を代表してお礼を申し上げる」という仲井真弘多沖縄県知事の発言になるとは。その一四〇万とは、いったいどこにいる県民のことなのでしょうか。新しい基地も、オスプレイも、ばらまき予算もまとめて「お・こ・と・わ・り」という気分になりました。

二〇一四年、年が明けてすぐに、ぼくは『沖縄タイムス』に、こんな文章を書きました。

＊＊＊

正直にいえば、出来の悪い脚本の小芝居につきあわされた年末、若い世代が、この島の未来に失望したのではないか、という思いを晴らすことができなかった。ぼく自身、見上げた空は真っ暗だったから。ここ数十年、沖縄県トップの政治的決断とやらには一喜一憂しないで、たんたんとこの島で生活し続けることが大切だと思っていたけれども、さすがに今回はわじってしまった。現知事は、苦渋さえしていない表情で、彼自身がいうところの「一四〇万県民」と相対して話しあう気はないようだ。怒りや憎しみからは何も生まれないと諭されたけれど、失望から新しい歩みが生まれるのだろうか……。

〝オール沖縄〟という言葉は、最初しっくりこなかった。なんだろうか、ひとつになって行動しようというのは全体主義的な暴力性が隠れているからだ。でもこれまで何度も内部対立してきた沖縄が、オスプレイ配備撤回、新基地建設反対でまとまり、日本政府に〝オール沖縄〟というかたちで「建白書」を提出できたことを、一年たった今、あらためて考えてみたい。政治的なアピールとしてだけとらえるのではなく、沖縄のために気持ちを重ね合わせようとした、その在り方はやはり可能性があるのではないか。〝オール沖縄〟という方向性が幻想ではなく、何かしらの象徴的な力として、ふたたび輝くことができないだろうか。リーダーを求めるのではなく、横並びで行進することのできる力。せめて「島ぐるみ」「御万人」などの、ふくらみのある言葉が必要だ。うち揃てぃ歌える、希望の歌が欲しい、闘いの歌ではなくて。その方がこころ強いと思うのだ。

この小さな島々で、ぼくたちが進むことの出来る道は、そんな多くはない。かつて島々が戦場になった時、どうしてこの道に進んでしまったのだろうかと、当時の沖縄県民は自問できただろうか。今ならまだ出来るかも知れない。今がその分岐点。みんなで考える集合場所は、県庁ロビーがいいなと思った。

（二〇一四年一月七日）

あらためて〈復帰後〉史を書く

沖縄タイムスへの寄稿は二〇一三年の年の瀬、いろいろな気持ちをふりしぼって書き終えた。正月をはさんですぐに掲載されるということもあって、なぜかしら責任さえ感じていた。沖縄はどの道を歩んでいくのか……。

書き終えてほっとしていたら、ぼくがもっとも敬愛するミュージシャン大瀧詠一さんが亡くなったというニュースが飛び込んできた。ぼくはこの原稿を書く間ずっと、はっぴいえんど（大瀧詠一が在籍していたバンド）の「春よ来い」を聞いていた。そもそもこの〈復帰後〉史の連載は、大瀧詠一さんの歌から始めたのである。思い出はモノクロームで蘇る、と。ぼくは呆然としたまま、二〇一四年を迎えてしまった。

そして今ふり返って考えると、やっぱりこの年はまさに沖縄の復帰後史の転換期だった。今回最初の刊行からしばらくたっての増刷ということで、新たな付録ブラス《シーブン》という形で、二〇一四年から二〇一八年までの沖縄で起こったことを増補することにした。その時々で書いた原稿をみながら辿っていきたい。やっぱりいろいろあったなあ。もうモノクロームでは蘇らないぼくらの〈復帰後〉史は、続く。

追記　月は流れて三年三月《さんねんみつき》あのこの態度は急変硬直化したけれど、本書はさらに増刷する運びとなりました。ということで、せっかくだから、さらに二〇一九年から二〇二〇年までのことをちょぴり付け加えることにした。付録プラスの追加です。ついこの間のことでもいろいろ思い出してみてください。

二〇一四年　オール沖縄の衝撃

タモリさんが長年司会をしてきたお昼のテレビ番組「笑っていいとも」がこの年の三月に終了した。番組スタートはぼくが大学生のとき。すぐ終わるかと思っていた。なんせ深夜放送や密室芸として名を馳せていた当時のタモリさんにお昼が似合うはずもない。それが三一年も続くとは。しかし何事にも終わりはある。そして終わりは始まりでもある。平日昼間にスケジュールが取れるようになったタモリさんは、「ブラタモリ」（ＮＨＫ）がレギュラー化されて全国を廻ることになる。その番組に影響されて那覇のまち歩きをしていたぼくは、いつか那覇に来て欲しいと願った（この願いは後に叶います）。

この年の一月、名護市長選で辺野古沖新基地建設反対を明確に打ち出した稲嶺進市長が再選し、その後も「建白書」勢力は県内の選挙で勝利を治めた。従来の革新勢力に自民党保守の一部と、「かねひで」「かりゆし」といった経済界の大手企業グループも加わり「オール沖縄」という一大政治勢力が生まれたのだ。

一一月の知事選は現職の仲井真知事と、オール沖縄の代表となった翁長雄志前那覇市長との戦いとなった。

その頃、ぼくは、那覇市長としての翁長さんの姿を近くで見てきた、長年の知り合いのM里さんに、翁長さんを信じていいのだろうかと、栄町市場の飲み屋で尋ねたことがある。一九九八年、従来の革新勢力である大田昌秀知事を破り、「自公」(自民党・公明党)という新しい保守勢力である稲嶺恵一県政を誕生させた際の一番のブレーンであり、仲井真知事の選挙も支えてきた翁長雄志氏の変貌に、ぼくはとまどっていたのだ。信じていいのかどうか、誰かに確かめたかったのだ。まあ別にぼくが信頼してもしなくてもなんの力もないのであるが、ささやかな自分の一票は大事にしたかった。

「いえー新城よ、あぬちゅや　びっくりするくらい変わったよ」と、信頼するM里さんは言った。そうか、そうなんだ。栄町の夜は更けていく……。

選挙を直前に控えたころ、ぼくはネットの政治メディア『ポリタス』へ知事選について寄稿したのだけど、その中でこんなことを書いていた。一部抜粋すると……

＊＊＊

今回の選挙は、一九九五年の米軍兵士による少女暴行事件から端を発した抗議行動、復帰後最大と言われた八万五千人の沖縄県民による抗議集会から十九年間のひとつの決着が出る、と感じている。

沖縄の心情は、この一九年間、現実的対応と閉塞感の間で、表面張力をたもったまま一度もあふれ出すことがなかった。「平和か経済か」という幻想の二者択一から逃れられないのである。しかし今回、一六年ぶりに知事選においては、自・公の枠がはずれ、保守・革新という構図もぐちゃぐちゃになり、沖縄の思いがむき出しになろうとしている。

一度あふれ出させればいいのだと思う。そうしないと流れが変わるかどうかわからないではないか。翁長雄志候補が訴える「オール沖縄」という言葉は諸刃の剣であろう。「イデオロギーよりもアイデンティティー」というフレーズもそう。でも、それでもだ、今回はぼくはそういうことを全て呑み込んだうえで「基地建設阻止」のみに焦点を当てて、「平和に機会を！」という理想を持つための選択をしたい。沖縄がずっと抱えてきた何かをあふれ出させたいのだ。今回の選挙でその光景をぜひみてみたい。

（「沖縄がずっと抱えてきた何かがあふれ出ればいい」二〇一四年一一月一一日）

そして一一月一六日に行われた選挙は、開票率0パーセントの段階で各メディアの選挙速報は「当確」を出した。圧倒的な勝利である。その結果をうけて、ふたたび『ポリタス』へこんなことも書いている。

＊＊＊

選挙結果で一喜一憂しない。いつの間にか身についた感覚である。期待と失望、両方とも未来を夢見るときにじゃまなもの、とまでは言わないが、選挙結果は始まりにしかすぎない。今回「オール沖縄」をかかげた翁長雄志氏が、仲井真弘多氏を十万票の大差をつけて破った。この結果に安堵したのは事実だが、もう昔のように喜ぶわけにはいかない。ちなみに沖縄県知事選挙で十万票の差がついたのは、一九八四年現職の大田昌秀氏が自民党推薦の翁長助裕氏を破って以来のことで、助裕氏は翁長新知事の兄である。現役の政治家が沖縄県知事になったのは、西銘順治氏（知事在籍一九七八〜九〇）以来。

今回このような差がついたのは、去年の一一月、自民党沖縄県連が事実上の辺野古移設容認に傾いた石破茂自民党幹事長会見での、沖縄選出自民党五名の国会議員の情けない姿、二一世紀の琉球処分とでも言いたくなるような屈辱的な光景と、去年年末の辺野古新基地建設を承認した仲井真知事の異様なはしゃぎっぷりの醜悪さに、これが今の沖縄の姿か？　と多くの沖縄県民が愕然としたからではないかと個人的には思っている。沖縄と日本のねじれまくっている関係が図らずも可視化された、というか。

「オール沖縄」の名の下のこの結果に、かつての「島ぐるみ闘争」の再現を見ることもできるが、この状況に至ったのは「保革を越えて」ではなくて、「保革が崩れた」からであろう。辺野古移設反対という一点突破で得たこの状況を、沖縄全体が置かれた立場を強く主張する全面展開に持っていくために必要なことはなんだろうか。一九九〇年以降の沖縄の政治状況を振り返ってみると、大田昌秀知事が「平和」というイデオロギー、稲嶺恵一・仲井真弘多知事が「経済」というイデオロギーで県政を支えてきた。翁長雄志新知事が掲げる「アイデンティティ」が、この二つのイデオロギーが対立するものではないことを示せるか、どう実現するるか。

今回の選挙では、翁長氏は離島、宮古・八重山地区で敗北している。辺野古移設反対では突破できなかったことがあるのだ。それは沖縄県全体の得票数から見れば微々たるものだが、沖縄はこうした島々の繋がりの上に成り立っている文化であることを考えると、その意味合いは変わってくる。日本政府、アメリカ政府に対してこれから独自のアプローチをしていくことは重要であるが、同じように足元の島々の声をつなげることも大切ではないだろうか。「オール沖縄」は、沖縄をひとつにするのではなく、多様な沖縄を繋ぎあうネットワークだといいなと、そこには希望を持ちたい。

（「翁長新知事が掲げる「アイデンティティ」が試される」二〇一四年一一月二〇日）

一二月には衆議院選挙も行われており、全国では自公が大勝し、野党・民主党が大敗するなか、沖縄は四選挙区全部でオール沖縄勢力が勝つという、全国政治状況とはまったく違う立場を明確にした。この時三区で当選したのが玉城デニーさんだ。

沖縄の表面張力がやぶれ、ぶれずに断固として国と対峙するとどういう風になるのか、というぼくの夢想は、そのまま翁長県政四年間の軌跡となる。

この年の出来事　消費税が8％に(4月)　日本政府、キャンプ・シュワブ沿岸にボーリング調査強行(8月)　沖縄三越閉店(9月)

二〇一五年　辺野古埋め立て承認取り消し

戦後七〇年となる二〇一五年の夏、国会前では、学生たちが結成した「自由と民主主義のための学生緊急行動」SEALs・シールズが中心となり、特定秘密保護法に抗議する集会が開かれていた。一方で、沖縄では政府が辺野古新基地建設の準備を強引にすすめ、キャンプシュワブ周辺で抗議活動を展開する市民を強制排除していた。しかし辺野古での座り込みは、全県的な広がりを見せていて、多くの市民も参加するようになっていた。那覇から辺野古座り込み参加への定期バスも出て、まわりの友人や身内も普通に参加していた。

その話を聞きながらぼーっとしていたぼくは、まさにバスに乗り遅れた感じだった。新基地建設断固反対だけど行動が伴わないぼくのような人間もいることはいる。しかし頻繁に行われていた大規模な県民大会には欠かさず参加するようにしていた。

翁長県政になって何度も開くことになる米軍、日本政府への抗議集会は、那覇市奥武山の野球場か陸上競技場グラウンドで行われるようになる。娘が小さい頃、宜野湾海浜公園

「戦後 70 年　止めよう辺野古新基地建設！　沖縄県民大会」びっしり超満員で外野席も開放した（2015.5.17　撮影著者）

で開かれていた抗議大会にはだいたい家族そろって参加していたが、彼女が県外進学したこの頃は、ゆいレールにのって妻と二人で参加している。

五月、翁長県政下で初めて開かれた大規模な県民大会である「戦後70年　止めよう辺野古新基地建設！　沖縄県民大会」で、挨拶に立った翁長知事は「ウチナーンチュ　ウセーテ　ナイビランドー」と参加者を鼓舞した。

その姿をじっと涙をこらえるように静かに見つめていた老夫婦の姿がわすれられない。その横で熱狂的ともいえる拍手で応援するご老人もいた。そういうことか、と思った。県民大会には様々な世代が集まってくるのだが、年配のご夫婦で参加というのもよく見かけた。翁長知事の登場は、その世代にとってても希望だったのだ。

「オール沖縄」という、「島ぐるみ運動」ともつながる歴史の波。その前もその後も何度も繰り返される光景。あの老夫婦の後ろ姿はたぶんきっとぼくらの姿だ。一つひとつの抗議集会が、記憶の中で溶け合って消えることのない感情が心の底にたまっていく。

十月一三日、翁長知事は、辺野古沿岸部の埋め立て承認の取り消しを決定する。地方自治に基づいた知事の権限であり、沖縄県と対峙する国は知事を提訴し、辺野古新基地問題は、法廷闘争となった。

ぼくは国土交通省が翁長知事の「辺野古埋め立て承認取り消し」の執行停止を求める「代執行訴訟」の第一回口頭弁論の傍聴記を書く機会を得た。こんな感じ……

＊＊＊

約二〇年ぶりにぼくは福岡高裁那覇支部の法廷に入った。大田昌秀知事時代の「代理署名訴訟」判決を傍聴した時以来だ。「国のやりたい司法だい」と感想を書いた記憶がある。あの日も雨だった。今回は「代執行訴訟」で強烈な既視感だ。雨もあがり、裁判近く城岳公園で開かれた翁長雄志知事を激励する集会には、足元は少しぬかるんでいたが、多くの

「辺野古埋め立て承認取り消し」の執行停止を求める「代執行訴訟」翁長知事を激励する会、城岳公園にて（2015.12.19　撮影著者）

人が集まっていた。隣りにいたおばちゃんは「まだ給料支払い明細、用意していないよー」と言いつつ、仕事を抜け出し駆けつけたようだ。「うまんちゅ」という言葉が思い浮かんだ。年配者にもやさしい四拍子のコールから始まるのは今時の集会らしく、翁長知事が到着した時の盛り上がりは、「民意はどこだ！ここだっ」って感じ。

口頭弁論は、知事の意見陳述から始まった。「魂の飢餓感」「銃剣とブルトーザー」など、様々なキーワードをちりばめ沖縄の歴史全体を通して訴える内容に対して、多見谷裁判長は「わかりやすいお話でした」とさらりと受けた。国代理人は、最初に知事の歴史観を牽制するかのように、この法廷では「すみきった法律論」を展開していきたいと一言。なるほど、そのようにして、国は、すみきった青い海に新基地を造りたいのか。

専門的な込みいった法律用語的なやりとりはよく分からなかったが、沖縄弁護団の「そもそもこの裁判は、何かへんだよね」とか、裁判長の「要するに(国の主張に)頭にくるところがあるか」とか(「そりゃ、たくさんありますよ」と苦笑したのは沖縄側)などと、一時間程度で終わるかと思われた第一回目の口頭弁論は、次第にヒートアップした。

ぼくは当初、翁長知事がどのような姿勢で訴訟に臨むのかに注目していたのだが、力を合わせた総力戦でいどむ沖縄側弁護団の姿を見て、この裁判で問われているのは、ぼくたち沖縄県民の立ち居振る舞いであろうと感じた。どのような結果が出ようとも、ぶれないでいること。あれから二〇年、みんな、この島で、予想しなかった未来に立っている。

二回目の口頭弁論は年明けだ。弁護団は年末ぎりぎりまで次の書面を提出しなければならない。「良い年」を迎えられるといいのだが。

(『沖縄タイムス』二〇一五年一二月二日)

翌年二〇一六年三月、この裁判に関して県と国は和解し、辺野古の埋め立て工事はいったん中止されるが、七月になるとあらためて国は県の取り消しに対して再度提訴する。二〇一六年九月一六日、この裁判の判決が言い渡される。ぼくはふたたび傍聴記を書いた。

＊＊＊

法廷に現れた多見谷裁判長は、さてと、という感じで判決の主文を読み始めた。マイクのせいか、口調のせいなのか、聞き取りにくい。しかし「敗訴」という言葉だけはよくわかった。詳しいことはあとでじっくり精査するでしょうからと、県側の弁護団にむかってつけくわえた内容が実に興味深かった。例の「判決が出たらそれに従いますね」と念押しした件である。

ざっくりいうと、判決が出ても、それに従わないのなら裁判の意味がない、そうなったら裁判所のダメージが大きく、面目が立たないのだが、前回、翁長知事が裁判の結果には従うと言ったので、リスクを回避することができた。多見谷裁判長は、その事に対して県側の弁護団にお礼を言ったのである。「ありがとうございました」これはよく聞き取れた。笑みを浮かべているように見えたのは、ぼくが偏向しているせいかしら。

その間約四分。あっという間に三人の裁判官は消え去り、双方の弁護団、傍聴していたマスコミも法廷を後にした。二〇年前傍聴した、大田昌秀県知事時代の沖縄県と国が争った裁判の判決も、結果は同じく「国のやりたい司法だい」なのだが、それでもとりあえず裁判長は三〇分ほど判決理由について読み上げていたのだ。結果については予想されていたこともあって、がっかりなんかしない。するもんか。しかし唖然とする余韻もないまま、ぼくは、一番最後に法廷を出た。

裁判所通りは、さっきまでほとんど報道陣しかいなかったのに、裁判結果を待って始まる集会の人たちでいっぱいだった。暑いのは陽射しのせいだけじゃない。しかし、こうした光景は、もうデジャブですらない。いつも通りの沖縄である。

集会のスピーチで弁護団の方が、「まだ判決文を精査しているわけではないが、こうなって欲しくないと思っていた最悪の判決内容」というような事を言っていた。そうか、予想以上に政府寄りの判決なのか。もはや憤りというよりも、恐怖を感じてしまう。司法が国民より政府に従うというのは、大げさに言えばファシズムではないのか。

琉球シールズ・玉城愛さんがリードするガンバロー三唱で集会が終わるのを見計らったように、雨が降り出してきた。太陽雨だ。熱くなった身体と心を少しだけ冷やしてくれる。この雨は台風の影響で、やがて激しくなるだろう。しかしぼくたちは、それに耐えてきた歴史と生活を持っている。どんな結果がでようともぶれないでいること。何度目かのつぶやきであるが、あらためて口にしながら裁判所通りを後にした。

（『沖縄タイムス』二〇一六年九月一七日）

この「最悪の判決内容」とは、「県の埋め立て承認の取り消し処分は違法」というもので、もちろん県は上告したが、一二月最高裁は訴えそのものを棄却して、この裁判に関しては県の敗訴が確定する。いったいなんだったんだ、この裁判。

裁判所通りは、ぼくの実家の近所である。小学校の頃は通学路でもあった。まだ沖縄刑務所があった頃の話。裁判の集会が開かれる城岳公園もなじみのある公園だ（あんなに整備されていなかったお墓地帯だったけど）。沖縄の歴史のうねりを感じつつ、ぼくの行動範囲はこんなにも小さいのだなぁと妙な心持ちになった。

この年の出来事　伊良部大橋開通（1月）　「イオン ライカム」オープン（4月）、作家百田尚樹氏「県紙二紙をつぶさないといけない」発言（5月）　具志堅用高、国際ボクシング殿堂入り（6月）　伊計島沖に米軍ヘリ着陸失敗墜落（8月）

二〇一六年　沖縄に雪が降る

日本復帰すると、沖縄にも雪が降ると思っていた……。当時の子どもたちが世替わりをどのように認識していたかというときに語る定番の話だった。それくらいふわふわした認識しかなかったのだと。しかしその日はやってきた。天気予報では、強力な寒気団が沖縄上空まで南下してこれまでにない寒さになるといわれていた一月二四日、日曜日、沖縄にもとうとう雪が降ったのだ。ぼくは連載していたウェブサイトでこんな感じで書いている。

＊＊＊

朝、目覚めると、イソヒヨドリは、まだそこにいた………。

前回「鳥づくし」のコラムを書いたら、いろいろなトリスキー（鳥が大好きな人たちのこと）から教えてもらった。「あれは、イソヒヨドリだよ」

ヒヨドリとイソヒヨドリは、名前は似ているが、違う種類なのだそうだ。しかもイソヒヨドリは「ツグミ科」なのだそうだ。ツグミかぁ。（＊自宅のベランダにイソヒヨドリが遊びに来るようになった話を書いたのだ）

さて先日の「沖縄に雪が降った日」、みなさんは、どんな風に過ごしていただろうか。ぼくは、あいにくこの目でみぞれやあられは見ることができなかったが、夜中、パラパラと音だけは楽しむことができた。風が強く、まさに、嵐の夜のようだったが、なぜかわくわくしたりして。

一九七二年「日本復帰」する前、沖縄の子どもたちの間で、「日本復帰したら雪が降る」という噂があった話は有名だが、実際復帰して四四年、とうとうこの日を迎えるとは感慨深いものがある。みぞれが雪に分類されることも知らず、寒がりであるはずの沖縄人が、こんなに「雪が降る」ことにうかれるとは。少しほほえましかった。「沖縄に雪が降った日」として、沖縄人の記憶にずっと残るんだろうな。

寒さがピークを迎えると言われた日、風と雨におそれをなして、やーぐまい（家籠もり）しようと思っていたが、ネットを見ると、次々にあられ・みぞれ情報がアップされていた。うらやましい。

せっかくだから、この記録的な寒さを味わおうと、分厚い寒々とした雲の下、首里を散歩した。首里城周辺をぶらぶらする、いつもの散歩コースであるが、もしここが一面の雪景色だったらなどと妄想しつつ歩く。思わず笑っちゃうくらい寒いが、心地よい。

首里城はいくつも湧水があるが、そのひとつ久慶門の傍にある湧水に寄った。水に触れてみたら意外にぬるかった。湧水に詳しい知人よると「湧水の水温は年間通して一定していて、夏涼しく冬温かい」のだそうだ。瑞泉にも寄ってみた。泡盛の酒造所ではなくて龍樋のほう。水はもちろんこんこんと龍の口から流れて出ていた。こちらもぬるい。

心待ちしている雪は降らないが、雨が切れ切れに降ってきたので、首里杜館の中にはいった。無料休憩所でゆくっていると、テーブルの足元に見慣れたシルエットを発見。イソヒヨドリである。まさかうちの……。いや違った。鳥も寒さをしのいでいるのかと思ったが、どうやらここをエサ場にしているようすで、人目をさけつつ、お客のこぼしたスナック類などをつまんでいる。帰りは龍潭通りを歩いたのだが、そこでアヒルたちを発見。寒くてみんな陸に上がっているではないか。があがぁ鳴くこともなく寒さに耐えている。顔つきも厳しい……ように思えた。

あられのパラパラ屋根にあたる音を聞いた翌日、物干し台に出ると、さーと飛んでくるやつがいた。うちのイソヒヨドリである。あの寒さの中どうしているのだろうと思っていたが、どうやら無事やり過ごしたらしい。あわててお米を盛ってやった。

イソヒヨドリは、「寒かったですねー」という顔つきで、米粒をつまみ始めた。

ほんと寒かったなー。

（「ごく私的な歳時記」『コノイエ＋プラス』二〇一六年二月四日）

この朝は、羽毛がもこもこ膨らんでいた。彼もよっぽど寒かったのだろう（著者撮影）

そうそう当時、うちのベランダに毎日イソヒヨドリがやってきていたのだ。でも思い出してみると「寒い」というより、楽しかったという感触しかない。思いがけず「本土並み」を少し体験したということかしら。世界的な気象変動の中で沖縄を取り巻く環境も次第に変わっていくのだろう。「異常気象」も続けばそれは異常ではなく、ひとつの環境となる。でも人の一生は、そんな風な大きな単位で耐えることはなかなかできない。

余談だけど、この寒かった日の翌週に「ブラタモリ」のロケで、タモリさんたちが那覇・首里に来た。来るという噂は聞いていたのだ。しばらくして放映された番組をしみじみ観させてもらった。ときたま夢は叶う。

元海兵隊で米軍属の男が二〇歳になる沖縄の女性を殺害、遺棄するという凶悪な事件が起こったのもこの年の五月だった。オール沖縄会議主催の県民抗議大会は奥武山公園のグラウンドで行われ、主催者発表六万五千人という参加者は、一九九五年の県民大会以来の規模となった。

そしてこの年、沖縄は雪も降ったが、オスプレイも落ちた。一二月、普天間飛行場所属の一機が名護の東海岸の安部の海岸に墜落したのだ。これを米軍は「不時着」と言ったが機体はバラバラで死者こそ出なかったが重大事故である。落ちると言われたものが落ちた。それでも何も変えようとはしない国の態度に慣れることはけっしてないのだ。

この年の出来事　県は沖縄の子どもの貧困率29・9％と発表（1月）　機動隊が東村高江で米軍ヘリ基地建設工事に抗議する市民へ「土人」発言（10月）「第6回世界のウチナーンチュ大会」（10月）

二〇一七年　インバウンドの増加

気がつくと長年過ごしてきた那覇の風景が変わっていた。那覇の中心地ともいえる平和通り、国際通り、牧志公設市場、農連市場、開南バス停近辺の変化は止まらない。

道路拡張により開南バスから仏壇通り（仏壇をそろえた家具屋さんが多いから）にかけての建物が撤去された。この年、農連市場も老朽化した木造施設が解体された。ぼくが半世紀近く見てきた景色よ、さようなら。一一月、昔から農連市場で働いていた業者と新規業者が入居した「のうれんプラザ」が完成した。一見半郊外型ショッピングモールのような外観のビルで、かつての農連市場のノスタルジックなたたずまいとのギャップに文句をいう人もいたが、ぼくは新しい市場の誕生に立ち会った気分になった。これからどのように変わっていくのか、こっそり通い続けて、見続けていこうと思ったのだ。オープンから少しずつ変化していくのうれんプラザに通って、こんな感想を書いた。一部抜粋すると……

***

（のうれんプラザ内の）要所要所にある「もやし屋」さんが、のうれんの過去と未来を表しているような気がした。以前と同じように、店の中、外でもやしのしっぽ（根の部分）をとり続けているおばちゃんたち。話をきいたら、「うちは業者から注文されたものをやっているから、以前とかわらない。ここは店の前においていたら通りすがりに買っていく人もいるので、前より売れているよ」とのこと。そう、以前は昼間は一般の人買い物客は少なかったのだ。新しい客層との出会いがはじまっているのかもしれない。

オープン以来、いろんな意見が出ているのうれんプラザ。おもしろいのは、きわめて批判的な意見と、ぼくのように「なんとなく面白い、可能性あるかも」と感じる意見にぱきっと分かれていることだ。ぼくは、のうれんプラザを勝手に応援することにした。自分なりに使いこなして、シマー化してみたいのだ。

（「ごく私的な歳時記」『fun okinawa』二〇一八年三月二日）

そして那覇の観光の目玉でもある第一牧志公設市場は、老朽化により同じ場所で再建される予定だ。戦後那覇、沖縄の復興のシンボルである公設市場がどのようになるのか、

のうれんプラザの正面。一時間駐車料無料です（2017,11　著者撮影）

とてもとても気になる。再開発の名のもとではなく、懐かしくて新しい風景を見てみたい。

　街の風景が変わるとともに、通りを歩く人にも変化があった。国際通りは外国人観光客の姿がすごく目立つようになったのだ。二〇一五年頃から全国的にインバウンド（日本に旅行にきた外国人観光客）の増加は顕著だった。「爆買」という言葉もそのくらいから聞こえてきた。国際定期航空便が就航し、クルーズ船の寄港が増加した沖縄でも、中国、台湾、韓国、そしてヨーロッパなどの観光客が国際通りを闊歩する風景は、季節に関係なく見られるようになった。那覇若狭のバースに接岸する豪華クルーズ客船の、自らライトアップする姿は、遠く首里からも見られるほどで、那覇の夜景のひとつとなった。「れ」ナンバー、つまりレンタカーで観光する外国人観光客が、ナビのいわれるままに、意外と狭い路地までやってきたりもしていた。

　国際通りは十年ごとにその姿を変えていく、というのはぼくが密かに思っていることだけど、二〇一〇年代後半、この通り歩けば、中国語、台湾語、韓国語とすれ違うことので

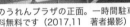

きる、まさに「国際通り」となったのかなと思う。ほとんどの店が観光客のための品揃えになったし、ドラックストアも増え続けている。店の看板にも中国語、韓国語が普通に加わるようになり、沖縄料理店の前では、三線弾きながらの呼び込み。島唄ライブの店もいくつもあるけれど、これも一九九〇年代の国際通りではみなかった光景。あるラーメン屋さんでは台湾を中心にしたインバウンドの行列が出来るようになる。コンビニや居酒屋で働く外国人の店員も日常の風景となり（この頃からベトナム、ネパールの方が目立つようになる）、クルーズ船が那覇に入るスケジュールは、市場内でもある程度共有されているようで、公設市場近くの水上店舗にあるコーヒーショップの店主は、少しだけその対応もしていると言っていた。現代版「唐船ドーイ」といったところか。

東京から観光にきた人が「那覇はモノレール乗ってもどこいっても外国人だらけで、これでいいのか」と少々文句気味に言うのだけど、いやいやあなたもふくめて沖縄にとってはみんな「観光客」でしょうと、心のなかでつっこんでいた。

国際通りや公設市場界隈は観光客が行くところ、と地元の若者たちが思うのもわかる気がする。でもぼくは、そういう光景にまぎれて歩くのは嫌いじゃない。かつての記憶の中の風景を重ねながら、時代を映し出す鏡として国際通りを歩くと、いろんなことを再発見できるのだ。まるで知らない街のような気がしても。

この年も米軍関連の事件事故が続いた。特に一二月七日、普天間飛行場ちかくにある緑ヶ丘保育園の屋根に、米軍機から落下したと思われる部品が発見された事故は、幼い子どもたちが生命の危険にさらされたということもあるが、そのことについて米軍が認めず、もさらに抗議した保育園の保護者たちを「自作自演」などとデマでバッシングするという、もはや犯罪的な動きがネットを中心に起こった。沖縄が対峙していたのは日本政府だと思っていたら、こうしたあからさまなヘイトまで起こってしまう社会ってなんだろう。

そのなかで保育園の保護者たちは、子どもたちのため抗議活動をつづけた。米軍基地がある風景が当たり前だと思っていたことが、この事件でとても異常であるということに気づいたという。そのことを彼女たちは、「魔法がとけた」と言っていた。なんかすごい言葉であり、行動だと思う。魔法は、とけるんだ。

この年の出来事　普天間基地所属の攻撃型ヘリが伊計島に不時着(1月)　太田昌秀元知事亡くなる。享年92(6月)　東村高江に普天間基地所属の大型ヘリが墜落・炎上(10月)　普天間第二小の運動場に米軍ヘリの窓が落下(12月)　映画「米軍がもっとも恐れた男〜その名は、カメジロー」大ヒット

二〇一八年　翁長知事死去、安室引退、デニー知事誕生

翁長知事が残した最後の一手

二〇一四年から四年間は、振り返ってみると辺野古新基地建設問題、国との裁判、米軍関係の事件事故ばかりがあまりにも続いて、もうため息すら出てこない。何度目かの国との裁判で県は敗訴し、「埋め立ての取り消しの取り消し」を余儀なくされる。わけわからない。辺野古沖の埋め立て準備の護岸工事は強行され、翁長知事が地方自治の精神に基づき、つまり法を遵守しながら国と対峙しても、司法も政府もほぼ聞く耳を持っていないようで、やりたい放題の状況が続いた。

その間に「オール沖縄」も一部勢力の離脱や、沖縄地方選での負けが続くようになった。特に一月の名護市長選挙でオール沖縄側の稲嶺市長が敗北し、オール沖縄勢力の危機感はつのった。知事に残された最後の権限の行使は、前知事が行った埋め立て承認の撤回表明

である。つまり二〇一三年の段階まで戻ることだ。しかしこれは最後の最後の法的手段であり、いつ知事は決断するのか、なぜ知事はまだ決断しないのか、いろんな憶測が飛んでいた。改めて「県民投票」を行い、沖縄県民の民意を表明し、米軍基地問題を全国的な課題にしようとする取り組みも出てきた。四年に一度の知事選を前に沖縄がグラグラと揺らぐような状況になってきた四月、翁長雄志知事が入院する。当初体調不良ということであったが、実はすい臓がん摘出手術のためであった。五月一五日、沖縄復帰記念日に公務に復帰した翁長知事のやせ細った顔つきを見ると、次回の知事選は無理そうなのだが、オール沖縄側に翁長知事に代わる人選をする様子はなかった。オール沖縄をまとめられるのはやはり翁長知事以外ありえないということなのだろう。

そんななか、九月に引退する安室奈美恵さんの沖縄県民栄誉賞受賞が発表され、五月二〇日に県庁で授賞式が行われた。賞状を手渡す翁長知事の柔らかな表情とあでやかな安室奈美恵さんの笑顔と涙のツーショットは、沖縄全体の緊張を和らげた。

六月二三日の慰霊の日の式典に参加した翁長知事は、同じく参加した安倍晋三総理大臣をどのような思いで見ていたのだろうか。その頃はガン治療の影響もあり帽子をかぶり、やせ細ったその姿はますます痛々しかった。それでも次回の知事選については「（もう一期）

やるからなぁ」と、側近にはつぶやいていた、という。

七月二八日、翁長知事は辺野古沖の埋め立て承認の撤回を自らの口で表明する。国が本格的な工事に入るぎりぎりのタイミングだった。「あらゆる方法を駆使し、新基地は造らせないとの公約実現に向け全力で取り組む」とした翁長知事だが、その後体調不良で入院し一切の公務を休む。そして八月八日昼間、病状が急変し意識混濁の状態であることが発表され、県内に動揺が広がった。ぼくは仕事でパレットくもじにいたのだが、フェイスブックでそのニュースを知った。沖縄県庁のすぐそばを歩きながら胸騒ぎが収まらなかった。そして夕方、病状がしらされるかとおもいきや、すい臓がんのため急逝したという衝撃的な発表があった。あまりにも急なことに呆然としているなか、その晩テレビでは、全国放送からひとあしおくれて、イモトアヤコさんが安室奈美さんと対面する番組が流れていた。翌日、安室奈美恵公式サイトには翁長知事を追悼する言葉が発表されていた。

ぼくらは、翁長知事が身にまとっていた悲壮感を感じていただろうか。激やせした翁長知事の姿に何を見たのかは、それぞれ違うだろう。しかし国と対峙しつづけて沖縄の政治家としての責務を全うしたその姿は、ヒーローそのものであろう。四年前、ぼくはオール沖縄の誕生を前にして「ヒーローをつくってはいけない」と思っていた。しかし命を賭けた翁長知事の選択について言えることはもうなにもない。

亡くなって三日後、予定通り開かれた辺野古新基地建設阻止のための県民大会は、台風が近づき時折激しくなる雨と風のなかで、いつものように多くの県民が集まった。追悼の意味合いも強かったが、この時点で翁長知事の後継として知事候補は決まっていなかった。その会場で知り合いと立ち話していたら、ふと「玉城デニーがいいのだけど」という話がでた。

実はこの時点で「デニーさんを候補に」という声は、周辺でも何度か耳にしていた。しかしぼくはちょっと意外だった。マスコミでは、県会議員、副知事、オール沖縄代表らの名前が挙がるなか、デニーさんは完全にダークホース的存在だったのだから。デニーさんかぁ。だったら面白いけど……。

急転直下、その問題にけりがついたのは、翁長さんが生前に音声データで残していたとされる言葉だった。オール沖縄で行動を共にしていた玉城デニー衆議院議員か、企業団体かねひでグループの呉屋守将会長を候補に挙げているとされ、急転直下で、オール沖縄は玉城デニー候補でまとまった。これにはびっくりしたけれど、決まってしまえば、なるほどと納得する、絶妙な人選であった。翁長知事の本当の最後の一手、である。

本来なら一一月だった知事選挙は急遽九月三〇日投票という超短期決戦となった。それは安室奈美恵引退、沖縄でのファイナリーイベントと重なる怒濤の日々の始まりであった。

安室奈美恵ファイナリー

前年九月二〇日、25周年アニバーサリーツアーのファイナルを沖縄で終えた直後に衝撃の引退宣言をした安室奈美恵さん、ぼくはこのニュースを中国上海の鳥鎮《うーちん》という水郷リゾートの街で聞いた。東アジア出版人会議の集まりで、沖縄代表の一人として発表することになっていたのだ。その会食会で同席していた琉球新報の記者の方が「新城さん、沖縄からコメントがほしいという電話が来ました」と耳打ちされた。紹興酒をおいて、何事かと聞いたら、安室奈美恵引退、なのである。わざわざ中国まで国際電話してきたのだ。いろいろ何で？　とは思いはしたが、安室奈美恵の存在については、ときおり考えていたので、いち沖縄県民としてコメントした。

〈スターか、スーパースターかの違いは、その人から時代が見えるかどうかだ。本人は沖縄を背負うような話はあまりされていないし、自ら進んでやったわけではないが、時代とマッチして背負うような形になった。そういう意味でも安室さんはスーパースターだった。復帰後の沖縄では具志堅用高さん、宮里藍さんと同様、世代を超えて多くの県民が尊敬する特別な存在だ。ストイックな方なので、ピークの時に辞めて存在を輝かせたいというのもあるのかな、とも思う。今回の発表通り、本当に来年引退するのなら「永遠の安室ちゃん」になるのではないか。〉

しかし安室奈美恵という存在は、ぼくの想像をはるかに上回り、その引退フィーバーは社会現象となった。特に故郷・沖縄で文字通り最期のライブと引退の門出を祝う花火大会を行うということで、九月一六日の引退の日まで沖縄は大騒ぎとなった。最後の場所は、あの宜野湾コンベンションホールと海浜公園である。

沖縄のマスコミ、テレビ、ラジオ、新聞はこぞって「沖縄の安室奈美恵」を讃えた。ラストイベントを後援し、ビルには巨大な安室奈美恵が登場、いつもはパーシャクラブとか、沖縄ポップが流れている国際通りのお土産店のBGMも、安室奈美恵一色(ちなみにぼくが通っていたトレーニングジムも引退前日は安室奈美恵が流れていた!)。いつもは米軍基地関連のニュースが目立つ県紙二紙は、こんなに安室奈美恵が好きだったのか、と思うほど、関連記事が掲載された。両紙が出した引退特別号は、全国から多数の問い合わせがあり、大増刷となる。新聞の購読数が減っているなか、安室奈美恵とともに沖縄県紙二紙が全国に届けられた、というのはなかなか面白い話ではある。

アクターズスクール時代の安室奈美恵の聖地となった沖縄・那覇には、全国の安室ファンが押し寄せ、ゆかりの場所や安室ちゃんの偉大なる足跡を展示したコザのプラザハウス特別会場や、両新聞社のホールには安室ファンが詰めかけた。そして国際通りは、外国人観光客にまじってアムラーたちが行きかい、安室引退特需というべき状況になった。こんな光景は見たことがない。アムラーたちとすれ違ってたどり着いた県庁前には、知事選の自民・公明・維新などが推薦する佐喜真淳候補の応援でやってきた自民党の人気者・小泉進次郎衆議院議員が応援挨拶しているのに遭遇した。政治的にも社会的にも混沌している状況とはこれか。小泉議員は、なぜか近くの新聞社のビルに設置された安室奈美恵の写真に向かって「安室さん、ご苦労様でした」と一礼していた（後でユーチューブで確認したのだけど）。そしてぼくも、安室引退の日の新聞の特別号にコメントを寄せることになった。

＊＊＊

沖縄の誇りである安室奈美恵を何にたとえようか。永遠に散ることのない花の鮮やかな香りような……。思わず「かぎやで風」っぽくつぶやきたくなる。しかし安室奈美恵さん沖縄にとって、こんなに偉大な存在だったとは。沖縄出身というだけで親戚のような気持ちにしてくれるのは、いろいろ揺れ動いている県民にとって大きな贈り物だ。

かつて僕は一九九〇年代を「アムロとオータの時代」と名付けたことがある。沖縄は、大田昌秀県知事のもと、米軍基地の整理縮小を求める県民大会や県民投票を実施し、島全体に政治の風が吹きあれていた。全国でアムラー現象を巻き起こしていたあの頃、安室さんは沖縄を背負っていたわけじゃないけれど、一九九六年「Don't wanna cry」と歌い、二〇〇〇年「NEVER END」を歌った彼女に、ぼくは沖縄の現実を重ねていた。全国にいる安室ちゃんをリスペクトし、彼女とともに人生を歩んだ世代の思いとは違うけれど、沖縄の節目に、彼女の存在があるような気がしていた。

そして安室奈美恵は、ライブアーティストとして、自らのぶれない信念を貫き、ふたたび時代のアイコンとなった。沖縄公演後の衝撃の引退発表。今年六月の沖縄県民名誉賞の授与と、その後の翁長知事が急逝した時の追悼のコメント。「これからも多くの人に愛される沖縄であることを願っております。」

ふたたび安室奈美恵という存在を、沖縄の現実とつい重ねてしまいたくなるのである。

（『琉球新報』二〇一八年九月一六日）

引退フィーバーのなかで特に印象深かったのは、安室奈美恵の歌に勇気づけられた、同世代のシングルマザーや働く女性たちが多いんだなぁということだった。四〇歳になった安室ちゃんは世間的に言うと子育てが終わったということになるのだが、実は子育て世代をエンパワーメントしていた存在だったのか。時代を背負ったのではなく、二一世紀に時代を作ったアーティストとして記憶されるのだろう。

安室奈美恵、引退前日の記念ライブでの最期の曲は、一六年ぶりにタッグを組んだ、そして同じ年に引退する（と発表していたが二年後に復帰する）小室哲哉作の「How do you feel now?」だった。いまどんな気分なの？　それは……

玉城デニーという選択

知事選候補者である玉城デニーさんは若い頃ロックバンドで活動していた。ぼくは、コザのライブハウスによく行っていた一九八〇年代の終わり頃に、何度か会ったことがある。当時ザ・ワルツというバンドのおっかけだったので、同じくザ・ワルツを推していたデニーさんをよく見かけたのだと思う。ザ・ワルツは一九八九年にオリジナルのカセットテープを出していたのだが、そのライナーノーツを書いていたのがデニーさんだった。海兵隊だったというアメリカ人の父（顔も知らないそうだ）とうちなーんちゅの母との間に生まれたデニーさんは米軍基地と隣り合わせの中部で育った。その後ラジオパーソナリティをへて、議員になってからも、ライブハウスのころの印象とほぼ変わらない。

ザ・ワルツのナンバーに「Oh! シンディ」という曲がある。ぼくはこの曲をよく聴きながらコザへ向かって車を走らせていた。歌の主人公〈混血児のシンディ〉は、〈街で一番のダンサー〉である。ずっと昔この街にいたシンディ、みんなと違う瞳でまわりからいじめられていたこともあった。でもあの頃から街も人もいろいろかわった。そろそろ戻ってきてもいいころだろう。そしてこう歌うのである。〈その靴を脱がなければいつかきっとお前の時代がやってくる〉と。降って湧いたような超短期選挙選となった日々のなかで、ぼくはずっとこの歌が頭の中で流れていた。いつかきっとお前の時代がやってくるのか、と。

選挙戦中、ネット上で候補者へのデマ、フェイク情報が飛び交っているのとは対照的に、那覇の街はいつもと比べると静かな気がした。選挙カーががなり立てるように回っていたころとはずいぶん違う。個人的にちょっとした選挙トラウマとなっていた一九九八年の知事選をつい思い出してしまう。違法ポスターも控えめな様相だけど、ただ宜野湾の知り合いに聞くとそうでもないよということであった。地域によっていろいろあるのだろう。

投票前、周りでは、「自民・公明・維新」といった勢力に玉城デニーが押され気味という話ばかり聞こえて来た。特に期日前投票の伸び率があがるにつれて、ある種の組織票ではないか、という噂も飛び交っていたのだ。不安な気持ちがつのるのは、投票日の週にやってくると予測された台風の存在もあった。もし投票日に大型台風が直撃したらどのようなことになるのか。それぞれの思惑が交差するなか、期日前投票をする県民の数は過去最大の割合となる。

ぼくも今回は台風を見越して期日前投票をするために、出勤前に車で那覇市首里支所に向かったのだが、すでに駐車場は車の列が並び、ちょっとした渋滞が発生していた。こんな光景は初めて見た。車を停めて投票所へ行くと、そこも行列が出来ていた。様々な世代が並んでいるようで（いややはり年配が多いかもしれない、ぼくだってもう五〇代だし）、これはなんとなくだけど「組織票」という風景ではないな、と思った。今回の選挙結果が台風で吹き飛ばされるようなものであってはならないという、それぞれの危機感の共有が、期日前投票の渋滞・行列だったような気がした。各地でそのような光景が見られたようだ。

大型台風二四号チャーミーは大きな傷跡を残し、特に沖縄島各地で大規模な停電が続いていた。そんな中、選挙結果は、ぼくたちが体感していた不安とは逆に、開票0パーセントの段階で「玉城デニー当確」が流れた。前回の翁長知事誕生とまったく一緒とは意外だった。実はその夜は、ジュンク堂書店那覇店で一か月間開催していた「もうすぐ30年　ボーダーインクフェア」の最終日で、フェア撤収作業の途中にかかってきた携帯電話の情報だったので、あまりにも早い当確にしばらく半信半疑だった。うれしいけれど、ドキドキ不安な気持ちもつのる。

撤収作業を終えて、モノレール駅に向かう。なんだかとても静か。ゆいレールに乗って首里の自宅へ戻る。首里も静か。いつもより暗い……まだ停電している地域があったのだ。交通信号も消えているところもあった。道を隔てて明かりが点いている地域と真っ暗な地域だなんて、まるでここ数年の沖縄のようだ。

暗くひっそりとした街を歩きながら、ぼくは、この感じ、身に覚えがあると思った。なんだろ。薄暗くてひっそりとしていて、これからどうなるのかしらといった少し緊張した空気感。ああ、大晦日の夜だ。年が明ける前の、あの感じ。除夜の鐘が鳴り響く前の張り詰めたトゥシヌユール（大晦日のこと）。新しい世がやってくるのか、どうか。それはまだ誰もしらない。

結局沖縄が復帰してから一三回目の沖縄県知事選挙は、玉城デニー氏が史上最多得票である三九六、六三二票で、佐喜真候補に八万票ほどの差をつけた圧勝だった。実際の争点として辺野古新基地建設問題が中心となり、亡くなった翁長知事の影響といったこともあるが、なによりも玉城デニーという、沖縄の戦後を象徴するような知事が誕生したことは特筆しておきたい。政治的な流れだけではなくて、本書的にいえば、〈復帰後〉史としても画期的なのだ。翁長知事が強調した「イデオロギーよりもアイデンティティ」という言葉のなかで、玉城デニー氏の個性が政治の場でどう輝けるのか。このような注目の仕方は、いままでしたことがなかった。翁長知事誕生のとき、ぼくは「オール沖縄」が〈沖縄をひとつにするのではなく、多様な沖縄を繋ぎあうネットワークだといいなと、そこには希望を持ちたい〉と書いた。玉城デニー新知事はこの夜、まさにそんな存在に思えたのだ。

でも、今どんな気持ち？　と聞かれたら、転がる石のような感じとしか言いようがないんだよなぁ。

この年の主な出来事　米軍ヘリ、うるま市、読谷村に相次いで不時着。国会で松本文明内閣府副大臣が「それで何人死んだんだ」とヤジをとばし引責辞任（1月）　平成天皇皇后夫妻初の与那国島訪問（3月）　初の米朝首脳会談がシンガポールで開催（6月）　この夏、台風、地震、猛暑が日本列島を襲った。

二〇一九年　首里城正殿、南殿、北殿焼失

その夜、ぼくは桜坂劇場のボーダーインクフェアのトークイベントの帰りで、最終便に近いゆいレールに乗って、首里駅へ向かった。進行方向左手のつり革につかまっていたと思う。つまり首里城に背を向けていたのだ。首里中学校あたりの急カーブの前に、少しでも振り返っていたら、ライトアップされていたであろう、あの首里城の最後の姿を眺めることが出来たかもしれない。

＊＊＊

耳元でささやかれたような気がして目が覚めた。

その声は家のそばにある防災無線の放送だった。首里で火災があったので、警戒してください、という内容で、ぼくたちはそれを「首里中《ちゅう》で……」と思った。うちからそんなに近

くはないけれど、学区内ではあるしな、という風に思い、二階の窓をあけてみたが、それらしい気配は感じなかった。たぶん大丈夫。でも念のために、SNSになにか情報があるかもと思い、ケイタイをみると、こんな夜更けにメッセージが入っていた。「首里城が燃えている」画像が添付されていた。そんなことが……。あわててテレビをつけてみた。東京にいる娘からもメッセージが届いていた。妻とふたりで車を出して、弁が嶽から龍潭を目指した。途中、考えられない角度で火の手があがっているのを見てしまい、少しずつ悪夢のような光景に近づいているのだと感じた。

ぼくは結婚、そして娘の誕生とともに、首里に引っ越してきた。以来ずっと首里に住んでいて、娘はすでに社会人となって内地で暮らしている。彼女は生まれたときには首里城が存在していた世代だ。その娘がベビーカーに乗っている頃、首里城によく出かけていた。首里の坂をのぼり、龍潭から首里城を眺めながら、いくつかの門をくぐり、芝生の木陰へ。妻は首里城周辺を散歩するたびに、その頃の思い出を語る。いい思い出なのだ。子連れにやさしい首里城なのだ。正殿、御庭エリアに入場するのは、そう多くはなかったけれど、首里城のあちこちを散歩したし、日常の生活の背景に首里城の姿はあった。

夫婦ふたりで散歩するときは、夕暮れ時のライトアップされた首里城を遠く近く、眺めながら歩き、そのあたりの飲み屋で過ごす。平日、車でうちに帰る道すがら、龍潭ごしに首里城の姿をなんとはなしに確認する。

首里文化祭（と、地元住民は今でもそうよぶのだが）のときは、旗頭の道ぢゅねーをみたあとに、首里城での振る舞い泡盛を飲んで、そのまま芸大祭をのぞいたりして。一一月三日の首里は楽しいことばかりなのだ。意外と知られていないけれど。

龍潭ごしの首里城の姿を、ぼくらのような首里の住民が集まり、静かに見ていた。びっくりするくらい静か。目の前の揺らぐ炎を理解できない、言葉にならないでいるのだ。

（「ごく私的な歳時記」『fun okinawa』二〇一九年一一月六日）

二〇一九年一〇月三一日深夜の出来事をぼくは日を置かずに書いた。でも妻によると、「私が寝ているの、起こしたんだけど」だという。まったく記憶にない。やっぱり動転していたのかもしれない。首里城火災のニュースは全国どころか、世界的なニュースとなり大炎上し崩れ落ちる首里城正殿の映像が何度も何度も繰り返し流され、SNSで拡散された。

その朝、出勤しながら遠巻きにまだ鎮火していない首里城の様子をうかがう。那覇与儀の事務所につくと、このあたりまで火事の黒い燃えかすが、首里と繁多川の谷を越えて飛

龍潭ごしの首里城（2019,10 著者撮影）

んできていた。風は北から南に吹いていた。もし逆だったら首里の住宅地にも被害があったかもしれない。

それから三日後の首里文化祭は中止となり、首里のいくつかの自治会の青年会がその地域だけで旗頭をあげた。首里文化祭の道ぢゅねーは、前年も大雨で中止になっていて、これで二年連続中止となってしまった。こんなときだからこそやってほしいとも思ったが、なかなかそうもいかない事情があったようだ。首里の街全体が喪に服したような感じになっていた。

＊＊＊

あの夜から何度か首里城界隈を時間をかけて歩いた。行われるはずだった祭りのコースを歩き、首里のそれぞれの町であげるはずだった旗頭の行列を思い浮かべた。そしていろんな人と「平成の首里城」について話し合った。日々の暮らしの中で、首里城を意識していなかった大部分の県民が、炎に包まれ、崩れ落ちる正殿の姿に呆然として、語ろうとするたびに涙してしまうのは、なぜなんだろうか。

いま、沖縄全体を巨大な喪失感がおおっている。それぞれがこの喪失感をなんと言ってよいのか、わからないでいる。

あの夜まで、ぼくたちは気づかなかった。平成の首里城が、二七年かけて、国営公園からシンボルになっていたことに。いやもしかしたら、焼失するその姿を共有したことで、絶対に忘れられない風景となり、あらたな歴史をまとった沖縄のシンボルになったのかもしれない。この全方位的な喪失感はシンボルそのものだろう。シンボルは、その姿がなくても、人々のあり方に、社会に影響を及ぼす。よくもわるくも、ぼくたちは無意識のうちに支配されてしまう。だからこそ、ぼくはいまストレートに「沖縄のアイデンティティの消失」とは言えないでいる。沖縄にとってのシンボルは、これからのわたしたちの選択として創り出すこともできるはずだから。

今週末もまたきっと首里城界隈を歩くことだろう。しばらくは失われた風景を慈しみたい。風景は歴史そのものだ。沖縄が、戦前・戦後歩んできた歴史は、いまここから見渡せる風景にある。


（「私と首里城」『朝日新聞』西部版 二〇一九年一一月一三日）

沖縄県民の多くが言葉にならないほどのショックを受けていたことに、ぼくはいろいろ考えこんでしまったのだ。一九九二年に国営公園として開園した首里城については、本書でも、その頃のもやもや感についていろいろ書いている。その首里城はあれから二七年ほどかけて、この年の一月、ようやく全体的な完成をみた。しかしその年に正殿が焼失してしまうという衝撃は、一度も首里城に入園したことのない人たちにとってもかなりの心理的影響を与えた。平成の首里城は（厳密には令和元年までだが）焼失したことによって存在感を増した。さまざまな衝撃をうけたとき、「沖縄のアイデンティティ」という言葉が浮上してくる。シンボルの影響力っていろんな意味で、怖いものだなと思った。

首里城再建のための寄付は、県内外から驚くべきスピードで予想を上回る金額が集まり、県内二紙が緊急出版した首里城火災報道写真集はベストセラーとなった。火災原因については施設内の電気関係といわれているが、はっきりとしたことは解明されていない。県も国も、その再建にあたってはすばやい反応をみせ、県民の注目も前回の再建のときよりも高まっている。焼失前の首里城正殿への階段の両側に鎮座していたふたつの大龍柱は相対する向きだったが、「本来は正面向きだった」と主張し、次の再建の際には本来あるべき姿にとの住民運動的な展開も出てきた。琉球国の時代から、横向きだったり、正面向き

焼け跡に立つ大龍柱（2019,12 著者撮影）

だったりするようだが、「本来あるべき姿」とは一体何だろう。
与那国産のフルイシという石材で彫刻された大龍柱は、あの火災の中で損傷したが奇跡的に残った。火災後、しばらくして城内の無料エリアに入ることができたので、さっそく見学に行った。焼け跡の隙間から見えた大龍柱の姿を「痛々しい」と見てしまうことで、すでにぼくも、首里城というシンボルに影響されているのだろうか。
沖縄戦によって壊滅し、アメリカ統治下にはその跡地に琉球大学が建てられ（その校舎は戦前の首里城を模していたという）、復帰二〇年の節目に再建された首里城、次で六度目の再建となる。

この年の出来事　『宝島』直木賞受賞で県内ベスセラーに（1月）オリオンビール529億円で買収（1月）県民投票、新基地建設反対71％（2月）第一牧志公設市場老朽化、改築のため閉場（6月）ゆいレール、浦添まで延長（10月）。観光客年間1000万突破。国、辺野古の海への土投入続く

二〇二〇年　新型コロナウイルス

中国武漢で原因不明の肺炎が発生、未知の感染症の可能性があるというニュースは、国内では正月明けには報道されている。しかしその時点で日本政府は中国からの渡航者の規制はせず、春節（旧正月）を迎える中国人観光客は日本、そして沖縄にもたくさん来ていた。二〇一九年の夏ごろから日韓関係の悪化で、韓国観光客が激減し、那覇の街角で韓国語が聞こえてこなくなっていたが（なんか寂しいなと感じてた）、この頃はまだまだインバウンドの姿は国際通りにもあふれていた。一月末には新型の感染症と認定され、中国から渡航者がようやく制限されはじめるが、日本国内でも初の感染者が確認された。

沖縄では、二月一日に香港から那覇に寄港した国際クルーズ船ダイヤモンドプリンセス号の乗客を乗せたタクシー運転手が、一二日に肺炎の症状を訴え検査したところ、新型コロナウイルスの感染者であることが分かった。沖縄で初めての事例がクルーズ船からというのは、嫌な予感が的中したというところだった。

二月下旬、台北への旅行を計画していたぼくと妻は悩んだ。沖縄での感染者はその時点で数名だったが、未知なるウイルスは脅威だった。いち早く新型コロナウイルスの水際対策をしていた台湾に、沖縄から行くのはどうなんだろうか……。台湾にいる知り合いに連絡したら「那覇は市内感染が始まっているかもしれないと考えると、いま台湾に来ることはやめたほうがいいのでは」とのこと。ウイルスを台湾に持ち込む可能性が少しでもあるのなら仕方がない、今回はあきらめるかと、出発三日前に断念した。まさかその後こんなに台湾が遠い存在になるとはその時は夢にも思わなかった。

その後、日本国内は、政府の後手後手の新型コロナウイルス対策のはてに、東京、大阪、北海道など各地で感染が拡大していった。でも三月の沖縄といえば、そうした都市部から、ウイルス感染が広まっていない南の島イメージの沖縄への国内旅行客で、それなりの人出があった。国際通りからは外国語が聞こえなくなった。一九八〇年代の雰囲気ってこうだったのかしらと思いつつ……。

国内で緊急事態宣言が発令されたのは四月七日のこと。東京、神奈川などの首都圏や大阪、兵庫、福岡の七都府県から一六日には全国を対象に拡大され、沖縄も二二日、緊急事態宣言を発出した。それから一年間の様子を、当時書いていたエッセイから抜粋しよう。

＊＊＊

夕暮れの首里の街をジョギングしていた。かよっていた公共のトレーニングルームが三月のはじめに閉鎖となり、健康維持のため、軽く走ることにしたのだ。布マスクをして、できるだけひとけのない住宅地や森や崖沿いを通るコースを選ぶ。その琉球石灰岩崖沿いのコースにはいくつもウガンジュがある。弁が嶽、雨乞い御嶽、崎山御嶽、園比屋武御嶽など、目安にしているところには、自然と少し足をとめ手を合わせていた。なんどか走っているうちに、手を合わせるために走っているような気持ちになった。でもぼくは、だれに、なにを祈っているのだろう。ひとけのない首里城の石壁沿いの階段を上り下りしながら、慶良間諸島のシルエットと西の海に沈む夕日を眺める。自然はなにもかわっていない。今年の春はいつものように美しい季節だった。そしてウイルスもまた自然の一部なのだ。

沖縄県民が油断していたのは確かだ。二月に初めて感染者が出たとき、この小さな島ではすぐに蔓延するのでないかという危惧があったが、その後感染者が報告されないことと、「日本の一番南の島じまの楽園」という観光イメージに知らず知らずのうちに流されて、なぜかしら「沖縄は大丈夫さー」という空気感が漂っていたことは覚えておこう。

沖縄医師会が県民のシーミー参加への注意喚起を行った文書を読んだ。そのなかで「できるだけ規模を縮小して、代表者がお参りし、ご先祖に家族・親戚・地域の安寧をお祈りいただきたい」という文言があって、ぼくはすこし安心した。科学的な正しい根拠に基づく対処と、心を落ち着かせるためのよりどころがあるということ。いつもはシーミーで車がごった返している墓所沿いの道路も、今年は閑散としていた。ウヤファーフジも、別に我々をグソーに招こうとしているわけではない。クヮンマガの安全、健康を願わない先祖というのはいないだろう。

新型コロナ対策とは、つまり「やーぐまい（家に籠もる）しろ」ということである。国にとってウイルスとの戦いは戦争にたとえられるが、それぞれの地域、個人にとっては「台風」にたとえたほうがいいような気がする。とっても長い間停滞している強い台風。最大級の台風がきたら、シーミーも模合もハーリーも、ビーチパーティーもやらないでしょう。

（『琉球新報』二〇二〇年四月二四日）

＊＊＊

不要不急、在宅ワーク、時短、時差出勤、テレワーク、ステイホーム、「うちで踊ろう」、やーぐまい、休業要請、テイクアウト始めました、社会的距離、などなど。今年の初めにはまったく考えてもいなかった日常となり、那覇の中心地から人びとの姿は消えた……というくらいに、出歩くひとは減った。地域のスーパーはそれなりにまだ混んでいたりするので大丈夫かしらんと思いつつ、ぼくの住んでいる首里近辺は、さすがに出歩くひとの姿は、確実に減った。首里城炎上から数か月経て、新型コロナウイルスの影響で、シーミー節も終わる頃、やーぐまいの日々は続く。……夕暮れの首里を体力維持のため走っているうちに、少しずつ通り沿いの店が休業していった。休業お知らせの張り紙がぽつりぽつり、張られていく。感染拡大防止のためやむを得なく閉めていくお店の方々の苦悩はいかばかりかと心痛める。そしてその張り紙一つひとつに彼らの気持ちと決意をひしひしと感じた。寂しい、悲しい、切ない通りの風景だけど、ぼくは覚えておこうと思った。休業を伝える張り紙一枚いちまいに、そこでがんばっているひとの姿を思い浮かべたかった。張り紙は、街のどこでもみかけるようになった。職場と自宅の往復だけの自粛生活のなか、どうしてもやらないといけない用事で出かけるときに目にした「休業お知らせ」の張り紙たち。

（「ごく私的な歳時記」『fun okinawa』二〇二〇年五月一日）

近所の焼き鳥屋さん、休業要請を受けての張り紙。少しずつ常連さんがメッセージを書き足していった。ジョギング中にそれを見るのが楽しみだった（2020.5著者撮影）

あの頃、ガラガラの国際通りで、時間調整のためにハザードランプを点灯しながら停車しているバスをたくさん見た。ぼくたちはちいさなディストピアを体験していたのだと思う。

それでも県内感染者ゼロのネットニュースを確認するたびに、ほのかに生まれた沖縄県民全体の一体感はまだ憶えている。テイクアウト、オンライン飲み会が日常化したころ、沖縄県は緊急事態宣言を解除した。

その後、いったん沖縄県内、国内の感染は小康状態というか、感染者数は減少する。欧米各地域で強力なロックダウンが続くなか、感染症の専門家は国内での秋冬の第二波、第三波への対策を提案していた。しかしアベノマスク、一時給付金、東京オリンピックの延期を決めた日本政府は、自粛期間で影響をうけた観光、飲食業への支援として「GO TO」キャンペーンを前倒ししてスタート。国内の観光客の増加とともに、沖縄は秋冬またずに、いち早く感染者が増加していった。その後、沖縄の感染率は連休で旅行者が一時増えるたびごとに上昇するというパターンのなか、常に全国トップクラスであった。沖縄県民のなかにも、次第に「自粛慣れー」や、コロナ慣れー」という状態になっていった。

＊＊＊

新型コロナウイルス対策とその結果で、世界の国々のあり方がはっきりとわかり、日本、そして沖縄県のあり方も、いろいろな姿が見えてきた。私たちは我慢強いが、すぐに慣れてしまう。四月、五月にあった緊張感が、年末の私たちはなかなか取り戻せないでいる。アルコール消毒でパサパサになった手のひらをじっと見る。何が起こるかわからない、ということは知っていたが、実際体験しないとわからないことだらけだったこの一年。来年はどうなるか予測できないけれど、いまから少しずつ「これからやりたいリスト」を密かに準備しておこう。

（「ごく私的な歳時記」『fun okinawa』二〇二〇年一二月一六日）

この年の出来事　33年ぶりに豚熱発生（1月）　作家大城立裕氏亡くなる（10月）　新型コロナウイルスのパンデミック、県内二度の非常事態宣言。社会生活、経済に大打撃。観光客大激減。各種イベント、行事、祭りが中止となる。

沖縄〈復帰後〉四九年目のあとがき

そして二〇二一年七月。結局、東京オリンピックはほぼ無観客で開催するらしい。このあとがきを書いている時点でのことだ。沖縄出身のオリンピック選手も多数出場することだろう。本書を手に取っている読者の皆さんがその結果を知っているわけだ。新型コロナウイルスがどのように収束するのか。首里城正殿はいつごろ再建され大龍柱はどっち向きなのか。そして新基地建設は、どのようにして中止に追い込まれたのか……。未来は霧の中なのだ。

二〇一八年に増補改訂したときの「沖縄〈復帰後〉四六年目のあとがき」では、「〈復帰後〉の話は、同世代でノスタルジックに語る時期はとうの昔にすぎていて、いま必要なのは一緒に語り合うことかもしれないなあ」と書いたのだけど、ここ数年の、沖縄の風景の変化は、ぼくの記憶をも書き換えていくかもしれない。二〇二二年の「日本復帰五〇年」はどのような心持ちで迎えるのだろうか。〈復帰後〉という鏡に写るじぶんの姿を眺めながら、それぞれのあの頃の沖縄に戻って、少し先の未来の夢を、様々な世代、地域の人たちと妄想してみたい。そんなときにこの本が役に立てばうれしいのだけどなぁ。

新城和博（しんじょう・かずひろ）

1963年那覇市生まれ。那覇市立城岳小学校、那覇市立上山中学校、沖縄県立那覇高校をへて、国立琉球大学法文学部社会学科社会人類学コース卒業。

青い海出版社、沖縄出版をへて、1990年ボーダーインクの立ち上げに参加、現在に至る。

著書に『うちあたいの日々』『〈太陽雨〉の降る街で』『ンパンパッ！おきなわ白書』『道ゆらり』『うっちん党宣言』『ぼくの〈那覇まち〉放浪記』（ボーダーインク）ほか、共著多数。

ボーダー新書016

増補改訂
ぼくの沖縄〈復帰後〉史プラス

2014年 1月31日　初版　第一刷
2018年11月20日　増補改訂版　第一刷
2021年 9月 5日　第三刷

著　者　新城　和博
発行者　池宮　紀子
発行所　（有）ボーダーインク
〒902-0076 沖縄県那覇市与儀226-3
tel098-835-2777　fax098-835-2840
印　刷　株式会社 近代美術

ISBN978-4-89982-354-4　C0295